【中国人格读库】

国家新闻出版广电总局

培育和践行社会主义核心价值观主题出版重点出版物

辛亥革命

高占祥 主编

刘艳华 著

北京时代华文书局

图书在版编目（CIP）数据

辛亥革命 / 刘艳华著 .-- 北京 : 北京时代华文书局 , 2015.10（2022.3 重印）
（中国人格读库 / 高占祥主编）
ISBN 978-7-5699-0547-2

Ⅰ. ①辛… Ⅱ. ①刘… Ⅲ. ①辛亥革命－通俗读物 Ⅳ. ①K257.09

中国版本图书馆 CIP 数据核字（2015）第 228025 号

辛亥革命

Xinhai Geming

主　　编 | 高占祥
著　　者 | 刘艳华

出 版 人 | 陈　涛
责任编辑 | 邢　楠
装帧设计 | 程　慧　段文辉
责任印制 | 訾　敬

出版发行 | 北京时代华文书局 http://www.bjsdsj.com.cn
北京市东城区安定门外大街 138 号皇城国际大厦 A 座 8 楼
邮编：100011　电话：010-64267955　64267677
印　　刷 | 三河市嵩川印刷有限公司　0316-3650395
（如发现印装质量问题，请与印刷厂联系调换）
开　　本 | 787mm×1092mm　1/16　　印　　张 | 14　　字　　数 | 130 千字
版　　次 | 2016 年 1 月第 1 版　　印　　次 | 2022 年 3 月第 3 次印刷
书　　号 | ISBN 978-7-5699-0547-2
定　　价 | 42.00 元

社会主义核心价值观与中国人格

周殿富

社会主义制度在中国已经建立了六十余年，而我们党则在本世纪初叶提出了培育弘扬社会主义核心价值观的重大课题，显然是其来有自。

社会主义的道德风尚在新中国蔚然兴起，曾经那样地风靡于二十世纪中叶。邓小平同志曾经在改革开放中讲过，当年“这种风气不仅是中国历史上从来没有过的，而且受到了世界人民的赞誉”。然而可惜的是，这个在社会主义制度建立与实践中，同步兴起的社会主义道德风尚的成长道路，却是一波四折。半个多世纪以来，它先是与共和国一道遭受了十年“文革”的浩劫；接着便是全党工作重心转移到改革开放进程中，欧风美雨“里出外进”的浸洗濡染；再接着是西方“和平演变”在东欧得手的强烈震荡与冲击；最后又是市场经济中那两只“看不见的手”在搅动着、嬗变着人们的价值取向。至少在国民中出现了价值观上的多层次化，传统美德的弱化，社会道德文明水准的退化，光荣革命传统的淡化，这也许正是中央在本世纪初提出社会主义核心价值观的原因吧。

不管怎么“变”，怎么“化”，当我们回首来时路，却不能不说，中华民族真的很强大，很值得骄傲。人类经历了几千年的文明进程，堪称世界文化之源的“五大文明古国”，其他四大古国文明都已被历史淘汰灭亡，只有中国成了唯一的延续存在。近现代即使那般的积贫积弱，被西方列强豆剖瓜分、弱肉强食，想亡我中华都不可能，就连最强大的美帝国主义，最凶残的日本军国主义都成为我们的手下败将，而且打出了一个新中国，且跨过整整一个历史阶段，直接进入了社会主义。西方敌对势力几十年不遗余力地对新中国百般围剿，“冷战”“热战”“和平演变”手段用尽，连如此强大的前苏联乃至整个苏东阵营都被瓦解了，而社会主义的旗帜仍旧在960万平方公里的土地上高高飘扬，而且昂首挺胸地屹立在世界的东方，中国真的是太强大了。几十年来的瞩目成就，竟然令西方发出了“中国威胁论”。你管他别有用心也好，言过其实也好，总比让别人说我们是“瓷器”，是“东亚病夫”好吧？1840~1949年的一百零九年间，中国尽受别人的欺负、“威胁”了，我们也能让那些昔日列强有点“威胁感”，又有什么不好？更何况这是他们自己说的啊！我们并没吹嘘，也没有去做。几千年来我们侵略过谁呢？“反战”“非攻”“兼相爱，交相利”，中国古有墨子，近有周恩来、邓小平同志。这也是中华民族固有传统美德的延续吧！

生于忧患，死于安乐，这也当是中华民族的一个传统美德吧？几十年来尽管中国如此繁荣兴旺，但从邓小平生前一直到党的“十八大”以来，无论哪一届中央领导集体，从来都没有忘记过国之忧患。忧在何处，患在何处呢？

二十世纪八十年代末，邓小平同志曾经在半年的时间内四次提到：中国改革开放十年最大的失误在教育，在“对青年的政治思想教育抓得不够”“对人民的教育不够”，足见他的痛心疾首。他晚年时又提到了“国格”与“人格”的问题，讲道：“谈到人格，但不要忘记还有一个国格。特别是像我们这样第三世界的发展中国家，没有民族自尊心，不珍惜自己民族的独立，国家是立不起来的。”

（精装版《邓小平文选》第3卷331页。）

人们很少注意到邓小平的这一段话，但邓小平恰恰是在这里把“国格”“人格”提升到了事关“立国”的高度。

那么，什么是我们社会主义的“国格”呢？邓小平讲得很明白：“民族自尊心”“民族的独立”。

新中国一路走来，我们最大的尊严便是完全靠“自力”，靠“艰苦奋斗”，而达“更生”之境。对西方敌对势力的“冷战”“热战”“和平演变”，我们何曾有过屈服？也正是在这一前提下，我们才有真正的“民族独立”。这就是我们的国格。那么什么是我们中国人的人格呢？邓小平同志在这里没有讲，但他在1978年4月22日召开的全国教育工作会议上的讲话中，在讲到我们的教育培养目标时，至少提到与社会主义人格相关的各个方面：革命的理想，共产主义的品德，勤奋学习，严守纪律，艰苦奋斗，努力上进，爱祖国，爱人民，爱劳动，爱科学，爱护公共财产，助人为乐，英勇对敌，集体主义精神，专心致志地为人民工作，等等。这里的哪一条不属于社会主义人格的范畴呢？

2006年党的十六届三中全会，第一次提出了“建设社会主义核心价值体系”的历史性命题和战略任务。2007

年，胡锦涛同志在“6·25”讲话中又具体提出这个“体系”包括四个方面的内容：①马克思主义的指导思想；②中国特色社会主义共同理想；③以爱国主义为核心的民族精神和以改革创新为核心的时代精神；④社会主义荣辱观。这四个方面，一是信仰，二是理想，三是精神，四是道德文明，哪一个不在社会主义人格的范畴之内呢？党的十七届六中全会又提到了社会主义核心价值体系是“兴国之魂”。

2012年11月，在党的“十八大”上又用“三个倡导”把社会主义核心价值观概括为十二项：①倡导富强、民主、文明、和谐；②倡导自由、平等、公正、法制；③倡导爱国、敬业、诚信、友善。而且中办文件又把这“三个倡导”分为三个层面：第一个“倡导”的四项，是国家层面的价值目标；第二个“倡导”的四项，是社会层面的价值取向；第三个“倡导”的四项，是公民个人层面的价值准则。实际上前两个“倡导”的八项都是属于“国格”范畴，而第三个“倡导”是属于“人格”范畴。

那么，我们怎样才能在前面讲到的那些历史嬗变中培育建构起这个“核心价值观”呢？中共中央政治局的第十三次集体学习，似乎很明确地回答了这个问题。

新华社北京2014年2月25日电讯称：中央政治局在2月24日，以弘扬社会主义核心价值观，弘扬中华传统美德为内容，进行了集体学习，习近平总书记在主持学习时强调：

培育和弘扬社会主义核心价值观必须立足中华优秀传统文化。牢固的核心价值观，都有其固有的根本。抛弃传统、丢掉根本，就等于割断了自己的精神命脉。博大精深的中国优秀传统文化是我们在世界文化激荡中落稳脚跟的根基。中华文化源远流长，积淀着中华民族最深层的精神追求，代表着中华民族独特的精神标识，为中华民族生生不息、发展壮大提供了丰厚滋养。中华传统美德是中华文化精髓，蕴含着丰富的思想道德资源。不忘本来才能开辟未来，善于继承才能更好创新。对历史文化特别是先人传承下来的价值理念和道德规范，要坚持古为今用、推陈出新，有鉴别地加以对待，有扬弃地予以继承，努力用中华民族创造的一切精神财富来以文化人，以文育人。

习近平总书记的这段论述相当精辟，对于如何培育建构社会主义核心价值观问题从四个方面剀切明白。

第一，他明确指出要在中华优秀传统文化的基础上，来构造我们的社会主义核心价值观，而不能割断历史。这一条十分重要，否则我们便会失去我们的本来面目，便会成为无源之水，也就无法走向未来。

第二，指出了中华传统美德是中华文化精髓，蕴含着丰富的思想道德资源。这就为我们揭示了社会主义核心价值观，要以弘扬优秀的中华传统美德为基础。

第三，他指出，对传统文化在扬弃中继承，在继承中创新。这就是说，社会主义核心价值观的内涵，既要有优良传统的文化精神，也要有时代精神，是二者的有机结合。

第四，他指出要用中华民族创造的一切精神财富，来化人育人。这就是说，弘扬中华民族文化，并不只是传承儒学那些道统，而是要弘扬全民族共创的优秀传统文化。同时也就是说，培育、弘扬社会主义核心价值观的根本目的是化民、育人。

尤其值得瞩目的是，习近平总书记在这次讲话中提到了一个“中华民族独特的精神标识”问题，而在同年的全国组织部长会议上又提出我们再也不能以GDP论英雄的思想。让人欣慰的是，思想道德文化建设终于被提升到一个民族的标识地位，这至少表明中国人的思想观念，并不落伍于世界潮流。

并不受人欢迎的亨廷顿生前给他的祖国提出的警示忠告，竟是如何弘扬他们没有多少历史和文化的“传统文化”：“盎格鲁新教精神——美国梦”，以此为国家的“文化核心”问题。他讲道：“在一个世界各国人民都以文化来界定自己的时代，一个没有文化核心而仅仅以政治信条来界定自己的社会，哪有立足之地？”所以，他提醒他无限忠于的祖国，一定要巩固发扬他们自入居北美以来，在新教精神基础上形成的“美国梦”理念的“文化核心”地位，这样才能消解这个国家的民族与文化双重多元化的危机。为此，他甚至预言美国弄不好会在本世纪中叶发生分裂。而且他公开预言不列颠大英帝国也会因民族与文化多元化的问题，导致在本世纪上半期发生分裂。

西方的一些专家学者们也十分强调国家民族文化的地位问题，柏克说：“全世界的人根据文化上的界限来区分自己。”丹尼尔同样说：“保守地说，真理的中心在于，对一个社会的成功起决定作用的是文化，而不是政治。开明地说，真理的中心在于，政治可以改变文化，使文化免于沉沦。”这些语言也可能有它们的局限性与某种非唯物性，但至少可以让我们看到那些发达的资本主义国家在想什么，至少与马克思主义经典作家们，关于意识形态并不总是消极被动地接受它的经济基础的论断并不相悖。

中国显然具有世界上最悠久的民族文化，同时显然也拥有世界上最强大的政治优势。新中国包括它直接进入社会主义的经济形态，以及其后的一次次经济变革，哪一次不是靠政治力量在强力推动呢？它当然同样拥有让我们几千年的民族文化“免于沉沦”的能力。有学人认为我们的民族文化早就被以往一次次的历史性灾难割裂了，这个看法显然都是毫无道理的。但我们当下却确实面临着“两个传统”失传失统的危险。中国的传统文化与优秀的民族美德，在当代国民中还有多少传承？老一代中国共产党人用生命与鲜血铸就的光荣革命传统，在党内还有多少“光大”？我们现在全民族的“核心文化”到底在何处？“社会主义核心价值观”的提出不仅符合世界潮流，也是使我们优秀的民族文化得以传承而不发生历史断裂的根本保证。富和强永远都不是一个民族的标志，哪个国家不可以富，不可以强？但能代表中国“这一个”本来面目，具有自己民族特色的，唯有中华民族的文化，能代表中国人形象的只有中国独具的道德人格。什么是人格？人格就是原始戏剧中不同角色的本来面目。

综上所述，我们是不是可以这样认为，社会主义核心价值观应内含如下的成分：中华民族传统文化中的优秀传统美德；中国人民近现代反帝反侵略反封建的爱国主义、斗争精神与中国共产党领导下形成的几十年光荣革命传统；中国化了的马克思主义有中国特色社会主义的共同理想；与“中国梦”远大目标相适应的时代精神。由这些内涵构成的社会主义核心价值观，用它来干什么呢？用习近平总书记的话来说就是“化人”“育人”，把它再具体化一下，无非是打造能体现中华民族特色，代表中国形象的国格、人格。在思想道德层面上，一个国家的民族精神也只有在人的身上才能体现，所以我们依据社会主义核心价值观的基本要求，针对当代青少年的实际情况，策划了《中国人格读库》这样一套大型系列选题。

本套书承蒙全国少工委、中华文化促进会、团中央中国青年网三家共同主办推广，并积极提供书稿。难得高占祥老前辈热情出任该套书的编委主任，且高占祥同志不辞屈就加盟主创作者队伍。一些大学、中学教师与青年作者也积极加盟此套书的编写。该选题被国家新闻广电出版总局列为2014年全国社会主义核心价值观重点选题，在此一并鸣谢。

希望本套书的出版能为社会主义核心价值观的培育与弘扬，为促进青少年的道德人格养成起到积极的作用。欢迎广大读者与作家对不足之处批评教正，多提宝贵建议与指导意见。

谨以此代出版前言并序。

二〇一四年十月

于北京时代华文书局

前　言

1911 年，清宣统三年。这年的 10 月 10 日，武昌起义的第一声枪响，敲响了延续两千年的封建帝制的丧钟，中华民国——一个崭新的资产阶级共和国在古老的东方大地上横空出世。

辛亥革命是一场资产阶级民主革命。革命发生前，封建的清王朝已经腐朽不堪，统治者已经不能按照旧的方式统治下去；被统治者也无法按照旧的方式生存下去，只有革命才能摆脱封建统治。大清近三百年江山气数将尽。

从 1840 年帝国主义用坚船利炮打开古老封建帝国的大门开始，中国即进入了半殖民地半封建状态。鸦片战争、中法战争、中日甲午战争、八国联军侵略中国，内忧外患，民族危亡，以孙中山为首的一批资产阶级革命家率先觉醒，孙中山、黄兴、宋教仁、邹容、章炳麟、陈天华等一大批早期民主主义者满怀着激动与热情，为革命摇旗呐喊，甚至不惜牺牲生命以唤醒沉睡的国人，打碎封建枷锁，驱逐外来侵略。与此同时，孙中山等人还组织了资产阶级性质的革命政党——中国同盟会，从此为“驱除鞑虏，恢复中华，创立民国，平均地权”而奋斗。

全国性革命风景终于来临，是偶然的，也是必然的。从1911年10月10日武昌起义，到1912年中华民国建立，再到1913年袁世凯篡夺辛亥革命胜利果实，短短不过两年时间。然而其意义超过了以往任何时代的革命，当孙中山等人把民主、共和、政党等新概念引入中国的时候，习惯了封建统治和奴役的中国人，第一次知道了作为人的个体权利的存在，这是前所未有的进步。更为重要的是，在这个过程中，中国人的人格精神——独立、奉献、反抗、团结、自我牺牲、舍小家顾大家的精神得到了进一步升华，也为后世之人作出了榜样。

虽然中国近代历史并没有像早期革命家想象的那样一帆风顺地朝着民主共和的美好目标迈进，但是，辛亥革命前后所经历的一系列事件，对中国人精神的启迪，对后来中国向民主共和国的发展都具有不可忽视的历史意义。

辛亥革命已经过去一百多年，但那段波澜壮阔的历史，那些豪情万丈的革命者，那些针锋相对的交锋、较量与博弈，那种高尚的人格魅力，依然留存在我们记忆的深处。

目录

孙中山与兴中会
——“切扶大厦之将倾”

亟拯斯民于水火，切扶大厦之将倾，庶我子子孙孙，或免奴隶于他族。

——兴中会章程

19 世纪末，腐朽的清王朝已经进入风雨飘摇时期，延续了两千多年的封建制度已经难以为继。而清王朝的最后覆亡，是在 1911 年的辛亥年。我们还记得，在这之前的一个辛亥年，即 1851 年，那个叫洪秀全的农民领袖在广西金田发动起义，把南京当作首都，纵横驰骋 14 年，差一点就把一个大帝国给推翻了。60 年一个甲子，当又一个辛亥年到来的时候，清朝的统治者们不免有些焦虑。这些焦虑，有来自外部的，也有来自内部的。内部的腐败腐朽透顶，才是清王朝最终灭亡的根本原因。

在中国，较早传播革命思想的是孙中山。

孙中山，名文，号逸仙，1866 年 11 月 12 日出生于广东香山县（今中山市）翠亨村。他的先辈因为参加抗清起义失败，而从广东的永安（今紫金县）县迁入香山。

孙中山童年时，村里有个曾经参加过太平天国运动的老兵，他时常在家门口的大榕树下讲述太平军反清的故事。孙中山总是听得入神，并感慨地说："洪秀全灭了满清就好了。"这老兵见孙中山特别爱听这类故事，又长得天庭饱满，地阁方圆，聪慧过人，就对孙中山说："你长得很像天王洪秀全，长大后也当洪秀全吧。"于是，小伙伴们就喊他"洪秀全"，他自己对洪秀全等反清人士也极为推崇。

孙中山 9 岁时进入村塾读书，接受传统教育。他有一个哥哥，名叫孙眉，17 岁时跟着母舅漂洋出海，在夏威夷辛苦经营，几年后，他成为当地一个新富，经济条件非常优越。鉴于孙眉的卓著成效，1877 年，夏威夷政府特意准许孙眉多招一些华人来岛大兴垦务。家乡人得知孙眉在夏威夷发了财，把那里当成了乐土，纷纷涌向夏威夷。孙中山也随母亲登上了海轮，那年，他只有 12 岁。

因为哥哥经济条件很好，孙中山刚到夏威夷，就进了一所由英国基督教监理会创办的学校读书。3 年后，他以第一名的优异成绩毕业。授奖那天，夏威夷国王亲手把奖品交给他。孙眉为此得意至极，为表示褒奖之心，他把自己的一部分财产也转到了孙中山名下。

对 15 岁的孙中山来说，在夏威夷的这几年，他最大的收获不是令人羡慕的财产，而是通过学校教育接触了西方文明，大大拓展了眼界。

1883 年，孙中山归国，相继进入香港中医书院、广州南华医学堂、香港西医书院学习。1892 年，孙中山毕业于香港西医书院。他在香港西医书院苦读 5 年，接受的主要是西方资本主义的教育。他学到不少自然科学知识，也接触到一些资产阶级的社会政治学说。此时，他已经开始了最初的民主活动，一边努力学习医术，一边致力于政治研究，也是在这个时候，他产生了改良国家政治的愿望。

1884 年，中法战争爆发，就在清军取得镇南关大捷的关键时刻，清政府却选择与法国政府议和，签订了《中法新约》，承认法国对越南的保护权，中国西南门户大开。

清政府不败而败，法国不胜而胜，这对孙中山刺激很大。孙中山后来回忆说，他就是在中法战争那一年，才有了推翻清王朝、创建民国的志向。他敬仰洪秀全，称洪秀全是反清第一英雄。在香港，陈少白、尤列、杨鹤龄和孙中山四人交往很密切，他们常常在一起讨论国内时政，抨击清政府。这四人也被时人诙谐地称为“四大寇”。

当时，孙中山深受改良主义的影响，希望清政府能够效仿西方资本主义制度，进行真正的改革。他曾把这个希望寄托在清政府上层，因李鸿章是当时重臣，1894 年，也就是中日甲午战争前，29岁的孙中山写了一篇《上李鸿章书》，他通过关系找到李鸿章的幕僚盛宣怀，由盛宣怀引荐，去见李鸿章。当时李鸿章正忙于各种外交事务，听说孙中山只是个年轻医生，根本没有放在心上，拒绝会见孙中山。

《上李鸿章书》全文长达8000多字。在这篇文章中，孙中山主张“人尽其才，地尽其利，物尽其用，货畅其流”，要求清政府在文化教育、农业生产、工商业上进行改革，以达到富国强兵的目的。

《上李鸿章书》后不久，甲午中日战争便爆发了。清军无力抵抗日本军队的进攻，经过黄海海战、辽阳保卫战、威海卫之战，辽东半岛和威海卫相继被日军占领。河山失陷，中国面临着被列强瓜分的危险。与此同时，清朝上层统治者慈禧太后却忙于她的六十大寿的庆典。一边是战争烽火，生灵涂炭，一边是朝廷的歌舞升平，强烈的对比深深刺痛了孙中山。从维护清政府统治，主张自上而下的和平改良，到深刻认识到必须用暴力手段推翻这个腐败的清王朝，孙中山只用了很短的时间。也是从这个时候开始，孙中山坚定地走上了革命的道路。

要挽救中国，要革命，需要有经费。上书李鸿章失败后，在李鸿章的幕僚罗丰禄的斡旋下，孙中山领得一张农桑会出国筹款的护照，他再次来到檀香山。这次去檀香山的目的很明确，就是为了向旧日亲友筹资，准备进行反清活动。

孙中山在檀香山的活动，得到哥哥孙眉和当地华侨的大力

孙中山

支持。1894年11月，兴中会在檀香山火奴鲁鲁埠成立。11月24日，在侨商何宽的寓所，兴中会召开第一次会议，宗旨是“振兴中华，挽救危局”。最初入会的会员有20余人，后来又有90余人陆续入会。

檀香山兴中会的章程是孙中山起草的，字里行间充满了强烈的爱国情绪，章程一开始就痛切地指出当前的民族危机：

中国积弱，至今极矣！上则因循苟且，粉饰虚张；下则蒙昧无知，鲜能远虑。堂堂华国，不齿于列邦；济济衣冠，被轻于异族。有志之士能不痛心！夫以四百兆人民之众，数万里土地之饶，本可发奋为雄，无敌于天下。乃以政治不修，纲维败坏，朝廷则鬻爵卖官，公行贿赂；官府则剥民刮地，暴过虎狼。盗贼横行，饥馑交集，哀鸿遍野，民不聊生，呜呼惨哉！方今强邻环列，虎视鹰邻，久垂涎我中华五金之富，物产之多。蚕食鲸吞，已见效于踵接；瓜分豆剖，实堪虑于目前。

呜呼危哉！有心者不禁大声疾呼，亟拯斯民于水火，切扶大厦之将倾，庶我子子孙孙，或免奴隶于他族。

在入会的秘密誓词中，提出“驱除鞑虏，恢复中华，创立合众政府”，这是一个明确的革命目标，有了这个目标，孙中山和他的同志们将义无反顾。

兴中会是最早的资产阶级反清革命小团体，它的成立标志着中国资产阶级革命活动的开始。

檀香山兴中会可以说是孙中山民主革命的初步尝试，也是中国资产阶级革命民主派建立的最早的组织，因为是最初的，具有探索性质，所以无论它的章程，或是它的组织成员，都明显地带有早期的、不成熟的特征。这批最早的兴中会会员，大多数是较富有的华侨。根据冯自由《革命逸史》中记载，这批早期的兴中会会员有126人，其中，富裕华侨有80人，对于革命，这些人往往会表现出不坚定。后来孙中山离开檀香山，檀香山兴中会的活动几乎立刻瓦解。冯自由记载道："檀香山兴中会于总理归国后，即不能有所接济。总理于乙未秋败挫后，乃重渡檀岛，计划再举，居檀多月，诸同志皆无以应之，故总理乃有美洲之游。"

1899年，梁启超奉命到檀香山活动，鉴于梁启超长久以来的名声，檀香山原兴中会的会员立即投身于梁启超的保皇会活动，并设立了保皇会所。

这些都说明，檀香山兴中会是孙中山建立的最早的革命组织，是中国资产阶级民主革命运动最主要的领导者和组织者。但由于其成员的状况，并没有真正形成中国资产阶级革命民主派的战斗核心。

1905年8月同盟会成立后，兴中会并入同盟会。

未及发动的广州起义
——为“共和革命而牺牲”

我可杀，继我而起者不可尽杀。

——陆皓东

兴中会创立以后，很多地方都成立了分会。檀香山兴中会成立于 1894 年，此时正值中日甲午战争，腐败无能的清政府节节败退，日本侵略军相继攻占了北洋海军的基地旅顺和大连，中国败局已定。孙中山认为这正是发动武装起义的好机会，便从檀香山赶回香港，策划武装起义。

檀香山兴中会刚刚成立，还没有一个坚定的领导核心，孙中山到香港后最急迫的任务，就是要迅速建立一个能采取实际行动的革命指挥部。1895 年 1 月，孙中山到了香港，先找来陈少白，商议下一步革命行动。陈少白（1869—1934）出生于广东江门一个基督教牧师家庭，21 岁时，入学香港西医书院，和孙中山等四人并称“四大寇”。看到腐败的清王朝在外国势力面前节节退让，陈少白义愤填膺，从香港西医书院未及毕业，就追随孙中山进行革命活动。孙中山到香港后，他立即协助孙中山筹划起义。他们在香港中环路丹顿街 13 号设立机关，作为起义指挥部。为了避人耳目，题了一个 “乾亨行”的名号，装作做买卖的样子。接着，他们从澳门把郑士良找来。这时，香港有一个“新学”团体叫“辅仁文社”，是在 1890 年发起，1892 年 3 月 14 日成立的。孙中山同他们取得了联系，辅仁文社社员杨衢云（1861—1901）、谢缵泰、周昭岳三人加入了兴中会。

1895 年 2 月 21 日，兴中会总会在香港成立，黄咏商被推举为会长。

香港兴中会总会的会员，和檀香山兴中会有很大的不同。它大体上是由两部分人组成的联盟，一部分是具有爱国思想，并有初步资产阶级政治观念的知识分子；另一部分是具有中国传统的民族思想的人，其中三合会会员较多，但也有少数没有参加会党的。

广州成为香港兴中会成立后首选发动反清起义的地方。3 月下旬，孙中山携陆皓东、郑士良、陈少白、邓荫南等来到广州，试图在这里筹备一场武装起义。他们在广州建立兴中会分会，机关设在双门底王家祠云岗别墅。他们在广州进行军事准备，杨衢云则留在香港负责筹款、募兵及运送枪械。

孙中山还在广州发起了一个公开团体，叫农学会，借以掩护兴中会的活动。农学会以研讨农桑新法为号召，得到广州官绅潘宝璜、潘宝林、刘学询等数十人署名赞助，因此，外人都不怀疑来往于云岗别墅的人会有什么“不轨”行动。这样，历时半年，孙中山等人认为各方面的准备趋于成熟。

起义计划经过反复周密的研究。最初，孙中山主张“发难之人贵精而不贵多”，认为只要组织1万人的敢死队突然袭击广州内部统、总督、巡抚、水师提督等衙署擒杀清朝重要官吏，使全城没有发号施令的人，陷于混乱；再以一部分人埋伏城内要冲处，准备狙击城外入城的清军；同时，分头放火，以壮声势，起义就可以成功。

但是很多人认为这样做太冒险。最后决定，集中在香港的会党和香山、顺德、北江各路的民团会党，约定日期，同时齐集广州，突然举事，让清政府措手不及。

起义日期预定10月26日（农历九月初九），这一天是重阳节，按照习俗，人们都要扫墓，许多人都要回省城，来往的人很多。按照起义组织人员的设想，在这个日子起事，人多纷杂，便于各路起义队伍混在回省拜扫祖墓的人中间，临时集中到广州。武装起义的主力，预定是已集中在香港的三合会会员3000人，准备在起义前的一个晚上，由驻守香港的杨衢云带领，搭船在黑夜赶往广州，第二天清晨6时到岸，立刻动手，作为前锋，冲击重要衙署。其他队伍编为几个大队埋伏城内，作为响应。

炸弹队在重要区段施放响弹，以壮声势。此外还有吴子才一路在潮汕方面响应，以牵制粤东的清军。讨清檄文和安民告示已先印好，送入城内，到时张贴。英文对外宣传由何启代为起草，以便起义后通告各国。

10 月 10 日，兴中会确定起义后成立临时政府，选举总统。这时出现了分歧，谢缵泰提名杨衢云，陈少白、郑士良则推举孙中山，双方争执不下。孙中山说服了自己的支持者，将总统职位让与杨衢云，兴中会避免了分裂。

陆皓东制作了青天白日旗作为起义军的旗帜。就这样，青天白日旗在血与火中诞生了。

广州起义的口号定为“除暴安良”，暗号是红带缠臂。

重阳节前夕，各路队伍准备就绪，就等着发动革命了，兴中会会员们更是激动万分，等待着重要时刻的到来。

起义的时刻终于到来了，各路队伍装成广州某家大族祭扫祖墓的队伍，混进了广州城。当时的两广总督谭钟麟年迈昏庸，对兴中会的起义准备丝毫没有察觉。城内防备松懈，形势对革命起义非常有利。

遗憾的是，香港方面的军械人员因故不能按照约定的日期到达广州。主力不来，军械不到，起义的全盘计划彻底被打破。当天发动起义已不可能。孙中山和陈少白考虑到，当时既无法发动起义，这样多的队伍集中广州，人员又比较复杂，容易走漏风声，再冒险行动必然失败。因此，他们一面将钱分给会党首领，要他们回去再听命令，一面致电杨衢云：“货不要来，以待后命。”

要在广州全城发动这么大一场起义，牵动如此多的人员，想密不透风也是不可能的。清政府中已有人听到风声。会员中有个人叫朱淇，他的哥哥朱湘是个举人，听到这个消息，害怕受牵连，苦苦哀求朱淇向清政府告密。同时，清政府驻香港的一个密探也在香港得知兴中会准备起义的情况，通知了清政府。反革命势力立即展开封锁和围剿。

两广总督谭钟麟接连接到这些举报后，大为吃惊，立即派人到双门底王家祠等各机关搜捕革命党人。得知消息，陆皓东立即安排人员撤离总部，自己最后离开。走到半路，陆皓东忽然想起党员名册不知是否已由经管同志带走，决定返回察看处理。同行的同志以形势危险为由极力劝阻，他坚决地说：“党员名册最重要，倘被搜去，清吏按名册株连，我党岂尚有余类？我个人冒生命危险去保全多数同志，实分内事。”说完，毅然返回。到机关后，军警接踵而至，将机关严密包围。陆皓东迅速紧闭大门，取出兴中会党员名册烧毁，待军警破门而入时，名册已成灰烬，陆皓东不幸被捕。

杨衢云在香港得到孙中山的电报，但有七箱军械已装上泰安轮准备运往广州，杨衢云同时派朱贵金、丘四等于第二天率领两千人前往广州。因为清政府已经从港英当局得到消息，早有准备，在岸守候，先上岸的朱贵金、丘四等 45 人立即被捕，还未上岸的人见状立刻将红带毁弃，方才得免。

陆皓东、丘四、朱贵金三人被捕后，面对清政府的威胁利诱，决不妥协，在11月7日被清政府杀害。程奎光被捕后，也被杖责而死。

青天白日旗的制作者陆皓东，遭受各种酷刑，依然坚贞不屈，亲笔写下了值得后人一读的供词：

吾姓陆名中桂，号皓东，香山翠微乡人，年二十九岁，向居外处，今始返粤。与同乡孙文同愤异族政府之腐败专制，官吏之贪污庸懦，外人之阴谋窥伺，凭吊中原，荆榛满目，每一念及，真不知涕泪之何从也。居沪多年，碌碌无所就，乃由沪返粤，恰遇孙君，客寓过访。远别故人，风雨连床，畅谈竟夕，吾方以外患之日迫，欲治其标，孙则主满仇之必报，思治其本，连口辩驳，宗旨遂定。此为孙君与吾倡行排满之始。盖务求惊醒黄魂，光复汉族。无奈官贪吏污，劣绅腐儒，觍颜鲜耻，甘心事仇，不曰本朝深仁厚泽，即曰我辈践土食毛。讵知满清以建州贼种，入主中国，夺我土地，杀我祖宗，据我子女玉帛，试思谁食谁之毛，谁践谁之土。扬州十日，嘉定三屠，与夫两王入粤，残杀我汉人之历史尤多，闻而知之，而谓此为恩泽乎。要知今日非废灭满清，决不足以光复汉族；非诛汉奸，又不足以废灭满清，故吾等尤欲诛一二狗官，以为我汉人当头一棒。今事虽不成，此心甚慰，但我可杀，而继我而起者不可尽杀。

公羊既殁，九世含冤；异人归楚，吾说自验。吾言尽矣，请速行刑。

陆皓东是孙中山的同乡，幼年同学，两人志同道合，共同致力于革命，挽救祖国。后来，孙中山在追忆中华民国建立的革命史时，称陆皓东是“为共和革命而牺牲的第一人”。

清政府对革命党人大肆围捕，孙中山、陈少白、杨衢云等被悬赏通缉，孙中山化装成商人，躲过清兵的一道道盘查，从澳门搭船，来到了香港。其他革命者也经过艰难辗转，最后脱险。

孙中山煞费苦心经营的广州起义，还没有发动就失败了，但留给时人很多有益的启示。经由这次未及发动的起义，一些人开始觉醒，认识到必须推翻腐败的清王朝，才能挽救中国。对于孙中山而言，这是用革命手段推翻清王朝，建立资产阶级共和国理想的第一次尝试。

革命尚未成功，同志仍需努力。

《苏报》案
——不斩楼兰死不休

英雄一入狱，天地亦悲秋。革命须掺手，乾坤只两头。

——章炳麟诗赠邹容

一百多年前，《苏报》是上海赫赫有名的日报。而《苏报》和清政府的那一场旷日持久的官司，不仅使章炳麟、邹容这些人名垂青史，也使《苏报》在毁灭中得到了永生。

1896 年 6 月，《苏报》诞生在上海英租界，原本是一位日侨主办的小报，多刊登一些市井琐事，销量不大，影响有限。1898 年冬天，因经营不善，《苏报》被转售给陈范。

陈范（1860—1913），出生在常州一个颇有声望的地主官僚家庭，从小接受传统教育，精通诗文。他曾经花钱买了一个知县当，但是官场腐败，陈范看不下去，经常与上司发生矛盾，因此被免职。不久，陈范来到上海。一天，陈范遇到一个朋友，向他透露《苏报》打算出售的事儿，陈范家里条件比较富裕，刚到这大上海，眼界也宽了，觉得在这里可以做一些自己喜欢的事儿了，所以就准备尝试一下。

陈范最初接管《苏报》的时候，可以说是全家办报。他的妹夫汪文溥是主笔，陈范和儿子陈仲彝编发新闻，兼写评论。女儿陈撷芬也来帮忙，编写小品诗词之类的副刊。

《苏报》在陈范的管理下，发表过《商君传》《铁血宰相俾斯麦传》《泰西教育沿革小史》《论法律与道德之关系》等，旁征博引，借古喻今，倡导改革。

这时戊戌政变刚结束不久，维新派遭到血洗，谭嗣同、刘光第等“戊戌六君子”流血牺牲，康有为、梁启超等流亡国外，舆论普遍低调，即使是清政府鞭长莫及的上海租界，舆论也倾向于保守。而陈范不为时局所动，毅然坚持维新立场，倡导立宪保皇。

《苏报》到了陈范手上，面貌焕然一新，很快树立了自己鲜明的个性，远在日本流亡的梁启超也给予关注，称它为“日报佼佼者，屹立于惊涛骇浪狂毒雾之中，难矣，诚可贵矣”。《苏报》坚持维新、改革的立场，迅速赢得民心。《苏报》很快成为上海举足轻重的五大中文日报之一。

1902 年，蔡元培等人先后在上海创立中国教育会、爱国学社，该会“表面办理教育，暗中鼓吹革命”，陈范是成员之一。陈范主持下的《苏报》与中国教育会的同仁们同气连枝，一起构成了清末中国新兴的社会力量，日后中国社会赫赫有名的章炳麟、蔡元培、吴稚晖、黄宗仰、张继等都为《苏报》撰稿。《苏报》汇聚了大批人才，对社会新闻的关注和挖掘更加深入。

这年冬天，发生了南洋公学退学风潮，使《苏报》名气大增。

南洋公学创办于 1897 年，是当时著名的洋务派代表人物盛宣怀经手的专门训练新式“洋务”人才的新学校。学校设备先进，经费充足，师资良好，教学上少了些“纲常名教”，多了些“权利人格”，学生们在这样的现代教育模式中培养了新的品格，从这里走出的学生也是声誉颇佳。1902 年 11 月 5 日，是文课五班郭镇瀛的课，当他来到班级的时候，发现一瓶墨水放在他的座位上。这位封建意识浓厚、常常管制学生读新书新报的郭教习，对这些新式学生很有一些怨恨。这回正好，利用“墨水瓶”事件，给学生总办施压，极力要求开除与此事有关的学生伍正钧。学生们听闻这一消息，非常愤怒，与郭教习极力抗争，但无效，便决定于 14 日全班退学以示抗议。这一个班学生的抗议很快辐射到全校。16 日早晨，全校 200 多名学生整齐地列队操场，等待与校方交涉，10 点，没有校方人员出面。学生们采取了最后行动。在“祖国万岁”的口号声中，全体学生整队离校而去。

当然，学生们的反抗斗争获得了理想的结果。不到三天，中国教育会把这些学生重新组织成一个具有学校性质，同时更具有政治性质的社团——爱国学社，学生们获得了更大的自由和发展空间。1903 年春，章炳麟成为他们的作文课老师。爱国学社成为没有任何权威的“平民化”的教育机构。

当南阳公学风潮发生的时候，陈范敏锐地观察此事。1903年2月，《苏报》开辟“学界风潮”专栏，斥责校方的顽固和愚昧，支持学生的反抗斗争。

后来，南京陆师学堂也发生退学事件，《苏报》也给予报道，抨击学校当局干涉言论自由。那时，清政府实行“新政”，各地竞相兴办许多新式学堂，一批有志于向西方学习的知识分子试图通过创办新式学校，开化国民，传播西方先进文化。但学堂内新旧思想交织，西方文明和僵固的传统文化严重对立，学生就经常以罢课、退学等方式抗议。鉴于清政府的立场，当时的很多报刊对此都保持冷静态度，不敢报道或仅是轻描淡写地提及。《苏报》特立独行，以热情的姿态报道各地学潮情况，揭露各地学堂中的腐败黑暗现象，赞扬进步师生的抗争。

爱国学社成立后，《苏报》与之约定，由学社提供论说，《苏报》为之提供资金帮助。《苏报》迅速向革命方向转变。

1902年5月27日，陈范正式聘请爱国学社学生章士钊任《苏报》馆主笔，《苏报》向辉煌的顶峰攀升。当天章士钊就在《苏报》发表言辞激烈的论说——《论中国当道者皆革命党》。22岁的章士钊以初生牛犊的猛劲，对《苏报》的形式和内容都进行了大胆革新。《苏报》一时间成为宣传进步思想的阵地。

6月9日，章士钊以“爱读革命军者”的笔名发表《读〈革命军〉》

文，以热情洋溢的语言赞扬邹容的《革命军》，把它誉为“今日国民教育之第一教科书”。同一天，在“新书介绍”栏刊出《革命军》出版的广告，上面赫然写着：“笔极犀利，语极沉痛，稍有种族思想者读之，当无不拔剑起舞，发冲眉竖。”6月10日，《苏报》发表章炳麟署名的《〈革命军〉序》，称之为“雷霆之声”“义师先声”，向全国人民极力推荐，在思想界立刻引起强烈反响。随后，《革命军》正式出版，署名“革命军中马前卒邹容”。在这本只有两万余字的小册子里，年轻的邹容以通俗浅近的文字，犀利酣畅的笔调，论述中国专制制度的罪恶，宣传资产阶级共和国的思想。他号召人们为祖国抛头颅，洒热血，与清朝统治者“相驰骋于枪林弹雨中，然后再扫荡干涉尔主权外来之恶魔”。他高呼：“中华共和国万岁！中华共和国四万万同胞的自由万岁！”热血沸腾的文字鼓舞唤醒了无数沉睡的国民。

6月20日，章士钊在“新书介绍”栏，推荐章炳麟的《驳康有为论革命书》。公开倡导：“公理之未明，即以革命名之；旧俗之俱在，即以革命去之。革命非天雄大黄之猛剂，而实补泻兼备之良药矣。”

6月22日，章士钊发表《杀人主义》一文，其中有这样激进的文字：“杀尽胡儿才罢手。”“借君颈血，购我文明，不斩楼兰死不休，壮哉杀人！”

从1903年5月到6月，短短1个月间，《苏报》以雷霆之势在上海迅速刮起一阵狂风，在舆论界放射出夺目的异彩，刹那的光华让《申报》等老牌大报黯然失色，其发行量迅速飙升，仅发行点就增加到几十处。《中国日报》《鹭江报》等大小报刊纷纷转载，人们竞相传阅。《苏报》的事业走向了顶峰。中国自有报纸以来，还没有一家报馆曾赢得如此显赫的声誉。

《苏报》发表一系列反清文章，令清政府大为光火，《苏报》的声势更令清廷震怒异常，保守派齐聚一堂，商量对策，必欲除之而后快。可是，《苏报》在租界出版，还挂着外商的招牌，清廷不敢轻易下手。6 月 21 日，清政府向沿江沿海各省督抚发布上谕，指责《苏报》的叛逆行为，命令地方官吏严密查办，指名要逮捕蔡元培、章士钊、章炳麟等人，把邹容和章炳麟列为要犯。

6 月 26 日，江苏候补道、南京陆师学堂总办俞明震奉命从南京到达上海，协助上海道袁树勋处理查禁爱国学社、《苏报》等事宜。封建罗网已经张开，一场灾难即将来临。革命者在危险面前无所畏惧。

6 月 29 日，《苏报》在头版显著位置刊登章炳麟那篇著名的政论文《康有为与觉罗君之关系》，这是从《驳康有为论革命书》节选的一部分。章炳麟以饱满的激情、极富感染力的文采赞美革命，讴歌革命。文中直呼光绪之名："载湉小丑，未辨菽麦。"此文一出，举世哗然，"上海市上，人人争购"，专制的清政府雷霆震怒，《苏报》走到了辉煌的顶点，在劫难逃。

6 月 29 日，在清政府的要求下，租界工部局终于发出对钱允生、程吉甫、陈叔畴、章炳麟、邹容、陈范等七人的拘票。

当天，巡捕、警探到《苏报》馆抓人，陈范逃走。

6 月 30 日，巡捕包围爱国学社，章炳麟主动就捕，他说："别人都不在，我就是章炳麟。"

章炳麟（1869—1936），字太炎，浙江余杭人，近代资产阶级民主革命家，学者，出生世代书香门第，到他这一代，已经没落下去。他从小就受民族主义影响，1894 年甲午战争爆发的时候，26 岁的章炳麟就以极大的热情积极宣传维新变法，并担任《时务报》主笔。戊戌政变后，章炳麟遭到通缉，避走台湾，担任《台湾日日新报》记者。1899 年，章炳麟到日本，中间一度回国，但始终与报纸结缘，发表自己的反清思想。直到 1902 年在上海被捕。

章炳麟一生三次被捕，这是第一次，而且是他自己主动留下来的。在巡捕房，章炳麟给邹容、龙积之写信，劝他们投案。随后，钱允生和不在名单上的陈范之子陈仲彝在《女学报》馆被捕。龙积之当夜自首。邹容本在租界藏匿，接到章炳麟的劝降信，7 月 1 日，徒步到租界四马路巡捕房投案，他说："我就是政府要捉的，写《革命军》的邹容。"至此，除陈范外，名列拘票的其余六人全部被捕，这就是轰动中外的《苏报》案。

当时光流转到 20 世纪，专制已经不得人心。对于清政府罗织《苏报》的罪名，各界早有所闻，捕房和上海办案当局也想网开一面。因此，蔡元培得以先期避走青岛，吴稚晖从容出走，陈范在身遇巡捕时仍能走脱。章士钊甚至在案发后，继续主持《苏报》编务，并发表了章炳麟在监狱中写的《狱中答新闻报》那样措辞激烈的文章。直到 7 月 7 日报馆被封，章士钊完成《苏报》最后一期的刊发。

章炳麟和邹容也是可以逃走的，但他们坚决不走，不禁让人想起几年前为变法而牺牲的谭嗣同。

从章炳麟、邹容被捕之日起，清王朝就为引渡他们而与租界展开了一场马拉松式的艰难交涉，台前幕后，数不清的算计。张之洞、端方、魏光涛、袁树勋等清朝大员积极出面，力图将章炳麟、邹容引渡南京，上海、南京、武汉、北京之间，要员、坐探之间文电交驰，仅收入故宫档案的往来电文就有近 190 封。清廷为此绞尽了脑汁，用尽了手段，就是要置他们于死地。

而在租界当局看来，发表文章、举行集会、批评政府都在言论自由的范围内，是公民的权利。即使有证据证明章炳麟他们是“犯罪”，也属于“国事犯”，按国际惯例也应该保护。英文报纸《字林西报》评论说：“外人在租界一日即有一日应得之权利，中国人在租界一日即有一日应受外人保护之权利，而华官固不得过问也。”他们严词拒绝了清廷的重金诱惑，并挫败了武力劫持的企图。

7 月 15 日，上海租界会审《苏报》案。案件的原告是清政府，被告是《苏报》。这是一个特殊的法庭，在租界，外国享有治外法权，朝廷的权力难以企及。章炳麟以冷嘲热讽的笔调写道：“噫嘻！彼自称为中国政府，以中国政府控告罪人，不在他国法院，而在己所管辖最小之新衙门，真千古笑柄矣。”中国威福自专的专制权力与一无所有、唯有一腔热血的两个平民展开了一场唇枪舌剑。清政府通过外国律师指控《苏报》诋毁政府，大逆不道，图谋不轨。

章炳麟这一年 36 岁，他长发披肩，身穿不中不西、颇似袈裟的衣服在法庭上怒斥清政府的腐败，宣传革命。邹容年仅 18 岁，他已经剪掉了象征着耻辱的长辫子，穿着西装。他咬定《革命军》是自己所写，绝不妥协。指控罪名甚大，他们是没想过活着出来的。庭审完毕，他们乘马车回捕房，人们争相出迎，出现了“风吹枷锁满城香，街市争看员外郎”的场面。

7 月 24 日，会审公廨判处章炳麟、邹容永远监禁，其余四人开释。消息传出，中外舆论一片哗然。《江苏》杂志发表短评《祝苏报馆之封禁》，指出思想、言论、出版，“此三大自由为神圣不可侵犯之物”。香港《中国日报》和《上海泰晤士报》等纷纷发表评论表示，如外交团决定引渡，“应予以反抗”。英国蓝斯唐侯爵在上议院谈到《苏报》案时表示：他们被租界拘捕是“受上海道之促迫，不得已而出此”，同时表示坚决不能移交给清廷。美国外交部下令不得将章炳麟、邹容等交给清廷处置。

7 月 27 日，《苏报》案发生已经 28 天，清廷外务部与各国公使关于引渡的交涉毫无进展。就在这个节骨眼上，7 月 31 日，记者沈荩因为披露《中俄密约》的消息，在北京被活活打死。《大公报》率先报道，举世震惊。8 月 4 日，远在上海狱中的章炳麟也写诗悼念，反对引渡派占了上风。9 月 10 日，清廷最后放弃了引渡《苏报》案犯的努力。

1904 年 2 月，公使团方面表示，如果再不结案，就要将在押的犯人释放。由于公使团的坚持，5 月 21 日，会审公廨“额外公堂”终于作出判决：章炳麟监禁 3 年；邹容监禁 2 年，罚做苦工，“期满驱逐出境，不准逗留租界”；《苏报》永远停刊。历时 10 个多月的《苏报》案尘埃落定。

在狱中，章炳麟、邹容被罚做苦工，经常遭到拳打脚踢，章炳麟曾绝食七天抗议。虽然环境极其严酷，他们还是以诗唱和，他们的《绝命诗》联句已载入文学史。

1905 年 2 月，邹容病倒，就在会审公廨同意保释出狱的前一天，在服用了工部局医院的一包药之后，吐血不止，4 月 3 日凌晨去世。这一天，离他两年的刑期期满不到 3 个月，这一年，他只有 20 岁。

章炳麟入狱之后，仍和外界保持着接触，他的诗文不断见诸报刊。1906 年 6 月 29 日，他熬过三年的刑期，被同盟会代表当作英雄迎出，当天就登上赴日本的轮船，到东京主持《民报》。

1903 年 6 月 30 日，陈范侥幸走脱，在忧愤交加中东渡日本。从此，流离失所，家破人亡，妻离子散。“坐对风烟殊旦暮，

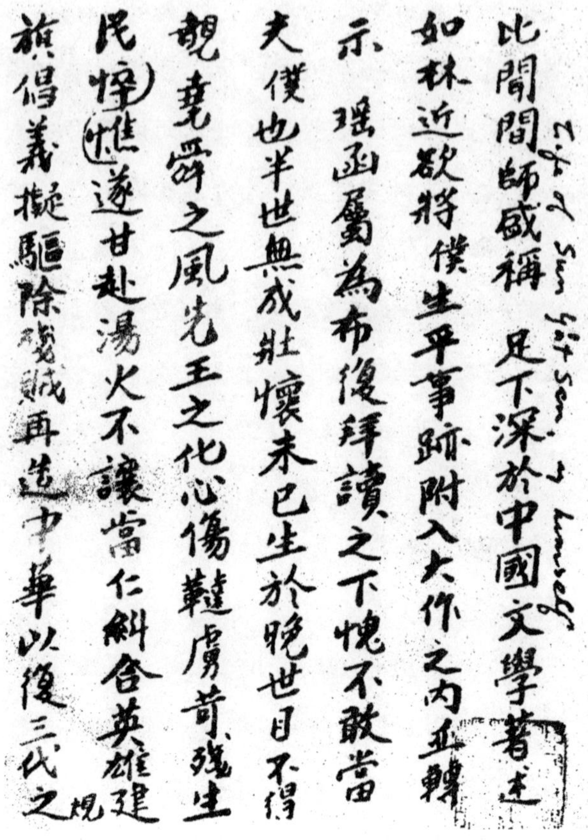

Life of Sun Yat Sen by himself

比聞閭師盛稱 足下深於中國文學著述如林近欲將僕生平事跡附入大作之內並轉示 瑶函屬為布復拜讀之下愧不敢當夫僕也半世無成壯懷未已生於晚世目不得覩堯舜之風先王之化心傷韃虜苛殘生民憔悴遂甘赴湯火不讓當仁糾合英雄建旗倡義擬驅除殘賊再造中華以復三代之規

邹容所著《革命军》

似闻歌哭满江湖”是陈范的诗句，也是他命运的缩影。1913年5月16日，年仅54岁的陈范在贫病交加中死去。

新闻史家胡道静在《上海日报》中说：

《苏报》案在历史上的意义是很大的。其正面的影响，就是革命派不过牺牲了一个报馆，毕竟予清政府以极锋利的舆论攻击，使它全盛时代辣手段焚书坑儒的威严全消失了。其侧面的影响，是清廷虽以雷霆万钧之力，欲提办章、邹诸人，卒以事出租界，外人为维护其既得之行政权的缘故，卒未使它达到野心的目的；以后的上海言论界、出版界多数集中于公共租界，这件事情有莫大的关系。

《苏报》崛起于清王朝的统治风雨飘摇之时，章炳麟、章士钊、邹容等以《苏报》为阵地，开启民智，倡导革命，终为封建专制所不容。

《苏报》案是20世纪中国第一次重大转型时期一个极富象征性的事件，邹容奉献了年轻的生命，章炳麟付出了三年牢狱的代价，陈范为此流离失所，家庭破碎，曾经放射过刹那光芒的《苏报》像星星般陨落，这是《苏报》的结束，也是《苏报》的永生。借由《苏报》案，更多的人认识到，只有推翻腐朽的清王朝，四万万同胞才能赢得真正的自由。

陈天华与《猛回头》《警世钟》
——反帝爱国的正气歌

只要我人心不死，这中国万无可亡的理！

——陈天华

陈天华，原名显宿，字星台，又字过庭，别号思黄。1875年（清光绪元年）出生在湖南新化县下乐村一个落第秀才家里，家境困难，母亲又早逝，只与父亲陈善相依为命。幼年时代的陈天华，因生活艰辛，无钱就学，不得不为别人放牛，有时也提着篮子做点小买卖。但他天资聪颖，勤奋好学，视书如命，特别喜爱当时在民间流传的一些弹词、小说，有时还模仿编写简短的小说。他还读了很多富有爱国意义的书籍，这为他后来成为民主革命的宣传家打下了良好的基础。

1896年，陈天华随父亲去新化资江书院就学。在此期间，他“独喜钻研经史”，对于历朝兴衰治乱之迹，常有兴趣。戊戌变法期间，他考入新式的新化求实学堂。当时正值维新运动在湖南迅速展开，新学广泛流传，对陈天华有很大影响。为了寻找救国真理，1903 年春，他由求实学堂赴日本留学，入东京弘文学院。陈天华到日本不久，正值留日学生掀起拒俄运动。

这年 4 月，沙俄帝国主义违约不撤走它在 1900 年侵入中国东北的军队，企图永远强占我国东北三省。陈天华十分悲恸，曾咬破手指写出数十封血书，分寄国内各学校，陈述亡国之痛及中国面临的巨大危险，号召同胞们振作起来，共赴国难并抗议沙俄的侵略行动。留学生掀起大规模的拒俄运动，组织了拒俄义勇队。

6 月，拒俄义勇队被迫解散，重组军国民教育会，继续开展拒俄运动。军国民教育会提倡“鼓吹、起义、暗杀”，陈天华担当鼓吹而负责执笔革命文书。《猛回头》一书，就是在这期间撰写的。不久，他又发表了《警世钟》一书。

陈天华在两书中以通俗流畅的文笔，淋漓尽致地揭露了帝国主义瓜分中国的野心，并以唱词的形式，陈述了帝国主义瓜分中国的危机形势，他说：“俄罗斯，自北方，包我三面；英吉利，假通商，毒计中藏；法兰西，占广州，窥伺黔桂；德意志，领胶州，虎视东方；新日本，取台湾，再图福建；美利坚，也想要，割土分疆；这中国，那一点，还有我份；这朝廷，原是个，名存实亡。”他甚至还指出：帝国主义赤裸裸的瓜分狂潮固然令人痛恨，而列强利用清政府“代他管领”以求“暗行瓜分”，则更为阴狠可怕。

正是基于对帝国主义侵略的仇恨和对祖国无比的热爱，陈天华提出要藐视敌人和敢于斗争的思想。他说：

其实洋人也是一个人，我也是一个人，我怎么要怕他？一十个省，四万万人，都舍得死，各国纵有精兵百万，也不足畏了……只要我人心不死，这中国万无可亡的理！

他针对那种苟且等待和畏缩害怕的心理，劝告青年们不要空谈救国，不要推诿责任，应该立即行动起来。他向全国人民呼吁：

洋兵不来便罢，洋兵若来，奉劝各人把胆子放大，全不要怕他。读书的放下笔，耕田的放下犁耙，做生意的放了职事，做手艺的放了器具，齐把刀子磨快，子药上足，同饮一杯血酒，呼的呼，喊的喊，万众直前，杀那洋鬼子，杀投降那洋鬼子的二毛子。

陈天华不仅提出了对帝国主义敢于斗争的思想，还提出了“全国皆兵”和反对外国还要学习外人长处的策略思想，这是很可贵的。

陈天华在这两本小册子里，又提出了反清革命的资产阶级民主革命的思想。他指出：要抵抗侵略，就必须推翻清政府，因为当时的清政府已经变成“洋人的朝廷”，清朝权贵全是帝国主义的奴才，成了外国侵略者统治中国人民的“守土官长”。他说：“你知道今日中国还是满洲政府的吗？早已是各国的了！那些财政权、铁道权、用人权，一概拱手送与洋人。洋人全不要费力，要怎么样，只要下一个号令，满洲政府就立刻奉行。”所以他说：“我们要拒洋人，只有讲革命独立，不能讲勤王。”他以革命的乐观主义，对革命充满信心，他说，只要大家“前死后继，百折不回”，就“一定能够建立个极完全的国家”，以自立于世界。

《猛回头》和《警世钟》的发表，有如一声霹雳，立即震撼全国。重刊十余次之多。城乡各地传遍了陈天华精心创作的血泪歌词。清政府虽然一再明令禁止，仍然无法阻止它们的流传。

1904年2月，陈天华同黄兴、宋教仁等在长沙创立了华兴会，积极参加谋划反清起义。他化名前往江西游说巡防营统领响应起义，还参加了联络会党、发展壮大革命力量的活动。

当年9月，陈天华受黄兴委派，同刘揆一利用浏阳普集市开牛马交易大会之机，与马福益秘密会见，代表黄兴授予马福益少将军衔，赠送枪支和马匹。双方议定，一旦上海大批军械运到，就在慈禧太后生日那天举行武装暴动。但不幸事泄失败，起义计划只好中止，陈天华再次逃到日本。

在日本，陈天华等创办了《二十世纪之支那》杂志，继续宣传革命思想。1905 年 8 月，孙中山所领导的同盟会在东京成立。陈天华作为发起人之一，担任书记部的工作，被推为《会章》和《宣言》的起草人。同盟会的机关报《民报》创刊后，他担任了编辑工作。他以思黄、过庭的笔名在《民报》上发表了《中国革命史论》等文章。

同盟会成立和《民报》发刊后，革命影响日益扩大，清政府企图扼杀海外的革命活动，曾多次要求日本政府驱逐留日中国学生中的革命党人。是年 11 月，日本政府文部省颁布了取缔清韩留日学生规则，留日中国学生 8000 人群起反对。陈天华更是坚决主张归国策划，反对忍辱留日的软弱态度。他在爱国责任心的冲击下，忧时感事，为唤醒依然沉睡不醒的同胞，12 月 8 日，在日本大森海湾投海殉国，时年 31 岁。

陈天华殉国的前一天，写下了长达 3000 余言的绝命书。针对当时日本报刊对中国留学生"放纵""卑劣"的污蔑，勉励留学生要牢记"坚忍奉公，力学爱国"八个字。他认为，只"去绝非行，共讲爱国"，"卧薪尝胆，刻苦求学"，便是"养成实力，丕兴国家，则中国或可以不亡"。同时，他还给留日学生总会一封信，要求他们不负众望，坚持斗争。

绝命书字字句句渗透了死者的赤胆忠心与慷慨捐躯、视死如归的英雄气概，坚决驳斥了帝国主义侮华的言论，有力地维护了中华民族的尊严，处处警告同胞勿忘亡国的危险，一切以救国为前提。绝命书谱写了一曲反帝爱国的正气歌。

1906年，陈天华的灵柩运回湖南，在革命党人禹之谟等人的组织下，举行了规模空前的葬礼。长沙学生及其他各界万余人，手执白旗高唱哀歌，将这位英雄送至岳麓山安葬。岳麓山上的陈天华墓已经成为纪念民主革命烈士事迹的一座丰碑。直到今天，凡到墓地凭吊的人们，无不为陈天华那赤诚的爱国之情所深深感动。

以知识分子为主体的革命团体
——以身许国，功成身退

凡属炎黄种子，急宜奋起图存，誓驱鞑虏出关，否则瓜分之日立至。

——《血泪书》

随着知识界中革命思潮的发展，出现了以知识分子为主体的革命团体。其中影响较大的是湖南的华兴会，湖北的科学补习所和江浙的光复会。

华兴会的创建者黄兴是当时最有威望的革命领导者之一。

黄兴（1874—1916），字克强，湖南善化县人。自幼读书勤奋，19 岁考中秀才。湖南维新运动给他影响很大，促使他开始探索救国的途径。1898 年，维新变法高潮中，黄兴攻读武昌两湖书院，对变法深表同情。1901 年夏，他以优异的成绩毕业。1902 年，他被湖广总督张之洞选派去日本留学。

黄兴在日本留学两年期间，实现了自己一生最重大的转变。如果说去日本留学以前，他的思想还没有超过变法图强的改良范围，那么，去日本之后，他逐渐成为一名资产阶级民主革命者，并积极投入留日学生掀起的爱国运动。他曾和杨度共同创办了《游学译编》。1903 年，又投入了“拒俄”运动，先后参加拒俄义勇队和军国民教育会。5 月，又被军国民教育会以“运动员”名义派回湖南策动起义。

黄兴回到湖南，在长沙的明德、经正等学校担任教员，秘密从事民主革命的宣传、组织工作。在他所任教的明德学堂，许多学生受其影响接受资产阶级民主革命思想，后来加入华兴会、同盟会，成为坚定的革命分子。11 月 11 日，他以过 30 岁生日为名，邀秦毓鎏、章士钊等十多人，商议筹组革命团体，决定成立华兴会。

黄兴

1904年2月15日，华兴会在长沙正式成立，到会者百余人，一致推选黄兴为会长。先后入会的两湖革命知识分子有四五百人。另设黄汉会，专门联络新军，设同仇会，负责联络会党，均为华兴会的外围组织。

华兴会成立后，黄兴立即筹划举行武装起义，并确定了由湖南首先发难然后谋各省响应以达“直捣幽燕、驱除鞑虏”的革命方略。当时湖南哥老会势力很大，其首领马福益开堂放标广收党徒，遍及永州、衡州、长沙三府地区，而以醴陵、湘潭、浏阳最为活跃。黄兴先派刘道一，后又亲自与刘揆一同去会见马福益，运动会党举事起义。马福益对黄兴非常敬佩，表示愿意附从革命。他们共同议定于1904年11月16日慈禧太后70岁生日时在长沙起义，并在岳阳、常德、浏阳等五路同日举事；预埋炸弹于举行祝寿典礼的皇殿，以炸死前来参加典礼的全省高级文武官员，乘势占领长沙，并在岳州、常德、浏阳、衡州、宝庆响应；还遣同志赴上海、武昌等地联络策应起义。黄兴被举为主帅，刘揆一、马福益分任正副指挥。为筹集起义经费，黄兴出卖了在长沙东乡凉塘的祖上遗田。

当初，黄兴任教明德学堂，曾为陈天华代印其《猛回头》《警世钟》等书，长沙知府毅钟骥听说后，想借此倾覆明德学堂，幸而学务处张鹤龄等竭力维护，事未扩大。反对明德学堂的湘绅又致函新任湘抚陆元鼎，指控黄兴等3人密谋起事，也因张鹤龄力保，事情暂时得以平息。但黄兴已名震湘中，颇为顽固吏绅所注意，陆元鼎并和巡营统领赵春廷多方秘密谋划，企图缉拿黄兴等人。赵春廷派出密探，假意与会党何少卿、郭鹤卿等结为好友，而何、郭都是马福益所派的策动起义者，清兵因此了解了起事计划。随后，在湘乡逮捕何、郭二人，送至长沙，五路起事计划至此完全败露。

当时有会党颜某，外号为“飞毛腿”，闻讯后立即赶至保甲局巷彭渊恂家向刘揆一告急。刘揆一会意，斜插入南巷避开。清兵游击熊得寿奉陆元鼎之命逮捕黄兴。黄兴由圣公会牧师黄华廷、同志曹亚伯保护得以逃脱。马福益走避广西，刘揆一绕道赴汉口，均得免于难。这样，黄兴等策划的湖南五路起事计划失败。

华兴会策动的起义虽然未及发动即告失败，但革命力量仍被保留下来。他们活动于长江中下游，对以后革命运动的发展，起了促进作用。

1904 年 11 月，另一个重要的革命团体光复会在上海成立。上海曾是爱国和革命运动的中心，但由于《苏报》案发生和爱国学社被查封，革命志士四散，以致声势沉寂。

早在 1903 年 10 月和 11 月，在东京的一批江浙籍留学生、浙学会会员在王嘉祎的召集下两次集会，密谈如何建立新的革命团体，回国后策动武装起义。他们为了配合军国民教育会的行动计划，决定派陶成章、魏兰前往浙江、安徽，龚宝铨前往上海，沈飚民前往湖南，进行联络和组织工作。江浙留学生的回国活动，直接促成了光复会的成立。在光复会的建立中，贡献最大的是陶成章。

陶成章（1878—1912），字焕卿，浙江绍兴人。一向有志于在北京发动“中央革命”，曾于1900年入东三省。义和团运动爆发后，北方大乱，陶成章怀揣暗器，秘密进京，打算趁混乱时机刺杀慈禧太后，可惜没有得到下手机会。因此感到起义非从陆军着手不可，曾多次谋划建立军事学校，但未能如愿。1902年留学日本，因传布革命言论，被开除学籍。1903年拒俄运动爆发后，积极参加“浙会”组织的革命活动。1904年初，陶成章偕魏兰回国组织会党。

浙江会党渊源于明末清初抗清将领张煌言余部，其创始人自称一念和尚，以反清复明为宗旨。太平军进入浙江后，会党势力发展蓬勃。此后40余年间，会党起义不下数十次，屡遭清政府的横暴摧残而“益加进步”。到20世纪初年，有伏虎会、白布会、终南会、双龙会、龙华会、平阳党、私贩党等，局面兴盛。

陶成章回浙后，经过辗转介绍，与魏兰分别由水陆两路遍访各州县。陶成章不畏艰难困苦，常常日行千里，每到一地首先做社会调查，其次联络会党，同时进行革命宣传，他们把《革命军》《猛回头》《警世钟》《新山歌》等革命小册子，《国民报》《国民日报》《警钟日报》等革命报刊运往各地，“由是浙东之革命书籍，遂以遍地，而革命之思想，亦遂普及于中下二社会矣”。

这就为光复会的成立和活动，提供了必要的群众基础。

1904 年 10 月，陶成章又来到上海。本来，军国民教育会暗杀团成员龚宝铨在这年到达上海后，就在上海组织暗杀团，但人数极少，力量单薄。陶成章来上海后，两人密商，要组织一个革命团体。当时，章炳麟在狱中，只有蔡元培声望最高，两人便议定推其为首领，以资号召。于是，先由龚宝铨同蔡元培商讨，决定扩大暗杀团组织。蔡元培也提出邀陶成章参加。于是，光复会就在这年 10 月在上海正式成立。

光复会以“光复汉族，还我河山”为宗旨，誓词是:“光复汉族，还我河山，以身许国，功成身退”，“誓扫妖氛，重新建国，图共和之幸福，报往日之深仇”。这已经是把光复、复仇与新国、共和联系在一起了。光复会组织上非常严密，以暗杀和暴动为革命的主要手段，其成员大部分都是浙江人，会员以金牌为徽章，中镂一“复”字篆文，旁刻工楷。机关暂设于爱国女校，会中事务即由该处负责。光复会是一个具有资产阶级革命性质的小团体，成员主要是资产阶级小资产阶级知识分子、会党、商人、工匠和少数地主士绅，其中以知识分子与会党头目居大多数，反映了浙江地区资产阶级革命派与会党关系相当紧密。第一任会长为蔡元培。

在陶成章的影响下，绍兴商学两界革命志士和各属会头目纷纷加盟入会。1905 年初，徐锡麟到上海见蔡元培，也加入光复会。徐锡麟很有领导才干，他的加入对光复会的发展起了很大的推动作用。秋瑾先参加了同盟会，从日本回国后经徐锡麟介绍也加入了光复会。章炳麟则早已在狱中通过蔡元培介绍入会并筹商会务。

由于上海中外反动势力控制很严，加上蔡元培是个缺乏活动能力的学者，不耐人事烦扰，所以会务进展不大。因此，光复会转向会党基础雄厚的浙江发展。先是原爱国学社社员、浙江平湖人敖嘉熊为联络江、浙、皖三省交界处会党，曾在嘉兴创建温台处会馆，后来因为敖嘉熊家产破落而无法维持，于1905年5月解散。陶成章便与龚宝铨、徐锡麟回到绍兴，创立大通师范学堂，培训会党成员，作为光复会革命机关。光复会在浙江迅速扩张了自己的势力。陶成章还组织会党势力成立龙华会作为光复会的外围。陶成章为龙华会起草的章程提出，“要把田地改作大家公有财产，也不准富豪们霸占”，使子孙后代“不生出贫富的阶级”，大家安稳“有饭吃”。从这里可以看出，龙华会强烈地反对封建压迫和剥削制度，反映了贫苦农民的愿望以及小资产阶级知识分子的幻想。龙华会会众三万余人，声势颇盛。

龙华会成立后马上努力筹划武装起义。在华兴会准备甲辰长沙起义时，他们也在浙江活动，计划以浙江、福建的革命力量响应湖南起义。此次计划因长沙事泄而流产，但这也说明光复会的成立，已经把浙江地区的群众斗争纳入了资产阶级革命轨道，初步发挥了领导的核心作用。从此以后，光复会和其他革命团体一起，为推翻清王朝的统治作出了自己的贡献。

科学补习所的活动地点在武汉。武汉地处中国腹地，长江中游，交通便利，素有“九省通衢”之称，所在的湖北地区，经济文化较为发达，尤其是1889年张之洞到湖北之后，实行各项新政，兴办新式学堂，两湖青年才俊云集，大批知识分子出国留洋，风气大开。湖北编练新军，大量吸收青年知识分子入伍，湖北新军中，新思想很有市场。

1902年底，吴禄贞从日本士官学校毕业回国，被张之洞委派担任学务处会办、营务处帮办等要职。之后，吴禄贞与湖北革命志士吕大森、朱和中、李书城、时功璧、时功玖等人经常在武昌花园山李步青寓所和水陆街吴禄贞寓所集会，畅谈革命，鼓吹排满，并介绍有志青年入伍当兵，虽然没有发起革命组织，但实际上已形成了一个革命团体。1903年，湖北地区的拒法拒俄运动开展就很有气势，在接到京师大学堂的通电后，武昌学生和各界爱国人士3000多人，在吴禄贞、吕大森、朱和中组织下集会曾公祠、三佛阁，声援抗俄。同时湖北地区进步书刊的发行传播也很快，万声扬、时功璧创立的昌明公司秘密翻印和输入革命宣传品，吕大森、朱和中组织的活版印刷公司大量印售革命书刊。

1904年初，吴禄贞北调入京任练兵处骑兵科监督，时功璧、朱和中等人出国留学，那个无形的革命团体离散了，但是湖北地区的革命形势继续向前发展。当时湖南已成立革命团体华兴会，有不少湖北革命志士加入，如吴禄贞、李书城、万声扬、朱子陶。与此同时，华兴会成员出入必经湖北，一定程度上也扩大了影响。

1904 年春，两湖革命志士刘静庵、曹亚伯、胡瑛、张难先、吕大森等人齐聚武昌商量革命的办法，比较一致的意见认为："革命非运动军队不可，运动军队非亲身加入行伍不可。"

为什么要在军队中做工作？因为新军中的士兵，一般都从民间选募，出身贫寒，容易接受反清思想。同时，在新军里还有一部分士兵有一定文化，容易接受西方资本主义的思想。在革命志士们的宣传鼓动下，又有不少青年知识分子参加新军，甚至有一部分留日学生归国在新军中充任中下级军官，他们在军队里利用合法身份，进行秘密的革命活动。

1904 年 3 月，华兴会会员胡瑛通过黄兴介绍给吴禄贞，入湖北加入新军。胡瑛与同营张难先广结军中知识分子，散发《革命军》《猛回头》《孙逸仙》《黄帝魂》等革命书报，还在饭后、操间讲历史故事，启发士兵觉悟。同时，回乡养病的吕大森也回到武昌，华兴会副会长宋教仁到武汉读书，武汉地区已经聚集了大量革命志士。

1904 年 5 月，张难先、胡瑛与同营的朱元成、雷天壮、陈从新、毛复旦、李胜美，学界的吕大森、曹亚伯、欧阳瑞骅、康建唐等 12 人在武昌斗级营召开筹备会，共推吕大森起草章程，由胡瑛、张难先、康建唐、朱元成四人审查后交大会通过。革命团体定名为“科学补习所”，表面上以“集合各省同志，取长补短，以期知识发达无不完全”为宗旨，实际其宗旨以“革命排满”四字为主。

7月3日，科学补习所正式召开成立大会，到会者30余人。吕大森被公推为所长，胡瑛任总理，时功璧任宣传干事，宋教仁任书记干事，康建唐任庶务干事，并且确定各处代表，负责各单位的会务联络工作：刘度成为武高等学堂代表，陈应甲为武普通学堂代表，刘静庵为前锋营代表，朱子龙、李胜美为工程营代表，宋教仁、欧阳瑞骅、刘复基为文普通学堂代表，朱子陶、易本羲驻所办事。

科学补习所对外是一所补习学校，主要招收在校学生课余补习，每周日由教员轮流讲授史地、数学、外语、理化、卫生等课程，实际上是革命党人聚集同志进行革命宣传、组织革命活动的机构。补习所章程规定，它的重要任务之一就是接待“远来愿入学堂及入营者”并 “代为安置一切”。

科学补习所成立后，介绍知识分子从军，会党分子入伍，要求会党人士接受排满革命的密约，大力开展军、学两界的宣传鼓动工作。

7月，黄兴由沪返湘过鄂，科学补习所开会欢迎。会上，黄兴告以华兴会甲辰起义方案，科学补习所成员均表示赞成，双方约定共同发动武装起义：湖南发难，湖北响应。

随后，科学补习所投入了紧张的准备工作：胡瑛负责武汉方面的指挥兼任华兴会湖北支部总理；吕大森兼施南及四川华兴会支部总理，与康建唐赴施南组织响应；周维帧、张荣楣赴四川联络会党；何自新赴荆宜联络会党；刘静庵负责发动马队；张难先负责发动工程营。其余各地各校均有专人负责，宋教仁赴长沙与黄兴联络；曹亚伯为湘鄂联络员；华兴会购买的军械分给科学补习所的部分由胡瑛、王瑛到江西湖口运回。科学补习所还确定了行刺计划，湖南一经发难，就立即行动：王汉行刺张之洞，易本羲行刺张彪，同时，李胜美带工程营直取火药库，然后大家各自协同行动。

遗憾的是，10 月，华兴会起义事泄，28 日，湖广总督张之洞兵围科学补习所。所幸黄兴事先电告，枪械得以安全转移，各成员也安全藏匿。结果，张之洞一无所获，以开除欧阳瑞骅和宋教仁学籍了事，不过科学补习所也就此解体。其成员大都先后参加日知会、文学社、共进会等革命团体，继续大力开展革命活动。

中国同盟会建立

——现在中国要由我们四万万国民兴起

驱除鞑虏，恢复中华，创立民国，平均地权。

——中国同盟会誓词

时间到了 1905 年，孙中山创立了同盟会，从此，孙中山成为一切反清社会力量的时代象征，几十年后，他被毛泽东誉为“伟大的革命先行者”。

1905 年 7 月的一天，在日本横滨码头，孙中山走出轮船，向欢迎他的人群急促地奔去，到了人群跟前，他便迫不及待地和中间的几位聊了起来……这次来日本，他是要完成一件极为艰巨的任务。

7 月 28 日，孙中山到了东京。他先找到自己的日本朋友宫崎滔天，再通过宫崎滔天找到了另一位对他后半生至关重要的人——黄兴。这天上午，在中国餐馆凤乐园，孙中山和黄兴，后来的中国国民党的两个最有影响的人物，进行了将近两个小时的会谈。

孙、黄一见如故，立即就眼下的局势讨论起来。孙中山对黄兴说：“现在形势很好，可我们为什么总是失败，遭受镇压呢？原因就在于我们没有联合起来，而是分散活动。我这次到日本来，就是要把各个分散的革命小团体联合起来，组成一个大团体。大家一致行动，共同为推翻满清而奋斗。”

黄兴听了，高兴地说：“太好了，这也是我所想的。”

此时的孙中山，刚刚由欧美周游碰壁而归，而他的兴中会可靠的会员不过 300 人。黄兴此时是华兴会会长，会员甚众，在国外和留学生中影响都很大，而且集中了像陈天华、宋教仁这样的理论家和实干家，论实力是超过孙中山的。但从这次会面后，黄兴就开始追随孙中山了。

孙、黄会面后，孙中山与宫崎滔天来到建立不久的《二十世纪之支那》社。会见华兴会的另两个重要人物宋教仁、陈天华，还有这次会见的最热情的鼓吹者：程家柽。孙中山以长达 3 个小时的、富有真知灼见的演讲，彻底征服了这三个人。他们达成了共识，要互相联络，共同推翻清朝统治。

1905 年 7 月 30 日，日本东京烈日炎炎。孙中山邀集了在此的中国留学生和旅日华侨共 70 余人，在东京赤坂区桧町三番内田良平宅内，召开了中国同盟会的筹备会议。参加此次筹委会的成员有：兴中会、华兴会、光复会及科学补习所的部分成员，还有留学生中其他团体的成员和个人参加。当时，甘肃因未派留日学生而没有代表参加，除此之外，中国内地 17 个省都派了代表到会。

孙中山作为发起人，首先发表演讲，他讲到为什么要革命，中国的政治形势怎样，将采取什么样的革命措施等。他还强调必须把全国分散的革命团体组织起来，建立一个统一的革命团体。出席会议的代表一致同意，当即推举孙中山为会议主席。

新的革命团体怎么命名呢？有人提议定名为“对满同盟会”。孙中山认为革命并非专为排满，还要推翻帝制，创造共和，应该定名为“中国革命同盟会”。这时，黄兴发言：“我们是秘密的反清革命组织，为了考虑日后同志们活动的安全，不必非用‘革命’一词。”最后，根据多数代表的意见，定名为“中国同盟会”。

接着，孙中山提议以“驱除鞑虏，恢复中华，创立民国，平均地权”作为革命宗旨。又有人提出异议，要求取消“平均地权”。孙中山解释说：“平均地权，是解决社会问题的基本方法，我们是世界上最新的革命党，应当高瞻远瞩，不计较个人的利害得失。应该在革命的同时，也连带解决社会问题，使中国成为世界上制度最好、最富强的国家。”

孙中山的一番解释，虽然说服了大多数人，但仍有少数人没有从思想上解决问题，不过誓词和宗旨还是以多数赞成通过了。

孙中山即席起草了同盟会盟书。黄兴提议："请入会诸君自愿签名。"

热闹的会场慢慢静了下来。刚从湖南来的曹亚伯首先站了起来，边走边说："我们主张革命，所以来到这里。若不为革命，何必来此呢？"说完，他在盟书上签下了"曹亚伯"三个大字。

程家柽跟着上前，说："我也凭我的良心签名。"之后，与会者纷纷拥到桌前，签上了自己的名字。

盟书签毕，孙中山领着大家举右手宣誓："当天发誓，驱除鞑虏，恢复中华，创立民国，平均地权。矢忠矢信，有始有终，有渝此盟，任众处罚。"

宣誓完毕，孙中山与各会员一一行新的握手礼，高兴地说："我替各位庆贺，从今以后，我们大家已不是清朝人了。"话音刚落，房间后面的木板忽然倒塌，声如裂帛，孙中山幽默地说："看来这是颠覆清政府的一个预兆啊。"大家高兴地长时间鼓掌。会议最后推举黄兴、马君武、陈天华等八人起草同盟会章程，准备召开成立大会。

黄兴又提议由孙中山担任"本党总理"，与会者一致举手同意。

8 月 20 日，同盟会在阪本金弥的住宅内举行了成立大会，阪本金弥是日本国众议院议员，东亚同文会会员，与宫崎滔天、朱永节等人一样，都是孙中山、黄兴的亲密朋友，中国革命的积极支持者。

出席会议的有100多人，在孙中山的主持下，大会讨论通过了黄兴等起草的同盟会章程草案30条，章程中确定孙中山提出的“驱除鞑虏，恢复中华，创立民国，平均地权”为同盟会宗旨，并规定了东京为同盟会本部所在地。

同盟会总会宣言中说：

故老遗民如史可法、王夫之诸人，严春秋夷夏之防，抱冠带沉沧之隐，孤军一旅，修戈矛于同仇，下笔千言，传楮墨于来世。或遭屠杀，或被焚毁，中心未遂，先后殂落。而义声激越，流播人间，父老遗传，简在耳目。自延平以讫金田，吾伯叔昆季诸姑姊妹，奉先烈遗志，报九世之仇，为争自由人道而死者，实一千二百万人……吾等生当斯世，谨承先志，弗敢陨越。用是驰骤四方，以求同德，持民族、民权、民生三大旨，期实行其志……而惠州之役、萍乡之役、镇南之役、广州之役，良材骏雄，前仆后继，断头决肠，维系牢狱，辗转人间，漂沦绝域者，何可指数！以死者愈繁，益用自励，日居月诸，走无停足。诚欲于颓波横流之中，拯同胞于沉溺；铁骑金枪之下，返大汉之山河。此物此志，宁有他哉！

这份宣言中，依稀可以看到当年洪秀全的影子，但孙中山注定不会成为洪秀全式的人物。受过西方教育的孙中山要革的是清王朝的命，要建立的是全新的社会，正如后来的《军政府宣言》所说："前代为英雄革命，今日为国民革命。所谓国民革命者，一国之人，皆有自由平等博爱之精神，即皆负革命之职责。"

同盟会选举总理及本部各机构的职员，由黄兴提议，而会前也已一致同意由孙中山出任同盟会总理。会章明确规定采取欧美式的立法、司法、行政三权分立的原则来设立机构，总理之下分设执行、评议、司法三部，执行部权力最重，由总理直接领导，内分庶务、书记、内务、外务、会计及经理6个部；其负责人庶务可代总理行使一切职务权，当总理不在时，庶务完全可代行总理职权。会上推举黄兴为执行部庶务，协助总理主持本部工作。章程规定在本部下设支部，支部下设分部，国内以东、西、南、北、中分别在上海等市设五个支部；海外设南洋、欧洲、美洲及檀香山四个支部。同盟会又决定以《二十世纪之支那》作为机关报，宣传革命思想。

同盟会成立后，东京本部集中抓了三个方面的工作：一是对于国内外支部和分会的组织建设；二是对于《民报》的创刊和与保皇派的论战；三是积极策划新的武装起义。

1905年11月，孙中山在《民报》发刊词中，第一次把中国同盟会的革命宗旨"驱除鞑虏，恢复中华，建立民国，平均地权"概括为"民族""民权""民生"三大主义。从此以后，中国的民族民主革命运动不仅有了统一的组织领导，而且有了完整深刻的革命理论作为指导，朝着日益深入的反帝反封建斗争阶段迈进。

中国同盟会是中国第一个全国性的资产阶级革命政党。尽管它的组织仍不是很严密，但它的建立，使资产阶级革命派在政治路线、思想战线和军事战线等方面的斗争有了一个统一的领导核心，团结和发展了革命力量，不仅有力地增强了革命领导人的必胜信念，而且推动了全国革命运动的迅速发展。以同盟会的建立为标志，中国资产阶级的民主革命运动进入了一个崭新的阶段。

思想大交锋
——专制到共和，进化之公理

嗟，我四万万同胞兮，尚无数典而忘其祖。

——宋教仁

《二十世纪之支那》是清末中国留日学生的革命刊物，由宋教仁、黄兴于1905年在东京创办。杂志的中心口号是“爱国主义”，办这个刊物的目的是：在国势日危的情况下，启发和引导民众的爱国之心，教育国民奋发图强，共同图谋国家的富强。首先映入眼帘的是《中国始祖黄帝肖像》，宋教仁在肖像反面题诗一首：

呜呼，起昆仑之顶兮，繁殖于黄河之浒。借大刀与阔斧兮，以奠定乎九有。使吾世世子孙有啖饭之所兮，皆赖帝之栉风而沐雨。嗟，我四万万同胞兮，尚无数典而忘其祖。

在第一期上，刊有《二十世纪之支那》，提倡爱国主义，鼓吹革命独立，主张建立民主共和之“完全国家”，“使我二十世纪之支那，进而为世界第一强国”。

8 月 20 日，中国同盟会成立时，决定把该杂志改为同盟会的机关报。报社的人受到鼓舞，更加认真办报。但没过多久，报纸便被日本政府寻找借口查封了。8 月 26 日，《二十世纪之支那》第二期刚刚印好，正要向外发行，忽然有个日本巡警闯入杂志社，出示了一份封禁令，说这期杂志上刊登了蔡汇东撰写的《日本政客之经营中国谈》一篇文章，写了日本侵略中国的一些内幕，妨害了社会的安定和秩序，应该立即查封。

宋教仁和程家柽立即到警署进行交涉，都没有效果。在这种情况下，同盟会决定将其改为《民报》，宣传革命主张。

1905 年 11 月 26 日，《民报》正式出版发行。在《发刊词》中，孙中山首次把同盟会的革命宗旨“驱除鞑虏，恢复中华，建立民国，平均地权”概括为“民族主义”“民权主义”“民生主义”。稍后，一个叫冯自由（1882—1958）的革命青年在香港《中国日报》介绍《民报》时，又把这三大主义简称为“三民主义”。从这时起，“三民主义”便成了一个专用名词，被国内外所公认，产生了巨大影响。

《民报》一创刊，就受到广大读者的欢迎，东京的留日学生奔走相告，互相传阅，造成了很大声势。到第四号，《民报》

的发行量达到 1000 份，到第七号，达到 17000 份。革命党人还千方百计地以各种巧妙而隐蔽的形式将《民报》运回国内。一次，革命党人把数十册《民报》打在行李里，请一位满族留学生带回国内，在海关很轻松地过了关，传播到内地。此外，他们还采用封面伪装的办法，给《民报》换上《心理学讲义》《伦理学》之类的封面，另外装订，借以混过警察和官吏的检查。很多期的《民报》连续再版，也很难满足读者的需要。

民主革命思想的广泛传播，遭到康有为、梁启超为代表的保皇派的抵制，他们反对在中国社会进行激烈的革命行动，而主张用温和的改革手段，推动社会进步。由于这时清政府已经成为“洋人的朝廷”，是一个地地道道的反动政权，因而，他们的观点已经成为民主革命向前发展的巨大障碍，双方必然展开激烈的大论战。

从 1905 年至 1907 年，革命派在政治思想上同改良派展开了一场针锋相对的激烈论战。同盟会的机关报《民报》和梁启超在日本横滨主编的《新民丛报》是双方论战的主要阵地，两派在新加坡、檀香山、旧金山、香港、温哥华、曼谷等地的报刊也都投入了战斗。

革命派起来应战，孙中山化名“南洋小学生”，挥笔上阵，亲自指挥并参与论战。革命派阵营中有国学大师章炳麟，锐气十足的青年革命党人胡汉民、汪精卫、朱执信等人，战斗力极强；而保皇派一方只有梁启超孤身一人。

《民报》汇聚了大批坚定的民主主义者。因《苏报》案而被捕入狱的章炳麟，在 1906 年刑满释放。他以《驳康有为论革命书》而名盛一时，受到孙中山的赏识。在他出狱前几天，《民报》社就专门派人来上海，聘请他担任《民报》主笔。章炳麟走出监狱，蔡元培、叶浩吾等朋友早已在河南路工部局门口等待迎接他了。三年牢狱生活，没有消磨章炳麟的革命气势，老朋友相见，更是分外喜悦。一番畅叙，自然少不了谈到革命。同盟会也派了专人来到上海，迎接章炳麟。有人问章炳麟准备去哪里，他答："中山先生在哪里，我就在哪里。"就在当天晚上，章炳麟登上了东渡日本的轮船。

当时曾经有一篇文章叫《章太炎先生答问》，其中有一段有意思的记载：

问：出狱时，中山先生尝遣人接先生，有此事否？

答：有之，曾遣人来。

问：先生到东何作？

答：东京《民报》馆办主笔。

章炳麟到日本后，东京的留学生特意召开欢迎大会，两千多学生冒雨前来，聆听章氏演讲。章炳麟再次以自己的激情号召革命。他告诫青年们："第一，是用宗教发起信心，促进国民道德；第二，是用国粹激动种性，增进爱国的热肠。"最后，他大声疾呼："要把我的神经质，传染诸君，传染与四万万人！"

同盟会的领导人宋教仁、胡汉民等都到新宿会见章炳麟，力邀章炳麟做《民报》主编。这样，从9月5日出版的《民报》第七号起，章炳麟为主编。同年10月，章炳麟加入同盟会。此时，章炳麟就像一块金字招牌，同盟会诸人将他高高举起，期望凭借他的才气和名气，吸引更多青年参与革命，与东京的保皇派一争高下。

孙中山、黄兴、章炳麟等人制定了一份《中国同盟会革命方略》，对同盟会的十六字纲领做了详细的阐述，并把革命分为军政、训政、宪政三个阶段。早期革命家庄严宣布：

第一期为军法之治。义师既起，各地反正，土地人民，新脱满洲之羁绊，其临敌者宜同仇敌忾，内辑族人，外御寇仇，军队与人民，同受治于军法之下：军队为人民勠力破敌，人民供军队之需要，及不妨其安宁。既破敌者及未破敌者，地方行政，军政府总摄之，依次扫除积弊：政治之害，如政府之压制，官吏之贪婪，差役之勒索，刑罚之残酷，抽捐之横暴，辫发之屈辱，与满洲势力同时斩绝。风俗之害，如奴婢之畜养，缠足之残忍，鸦片之流毒，风水之阻害，亦一切禁止。并施教育，修道路，设警察、卫生之制，兴起农工商实业之利源。每一县以三年为限，其未及三年已有成效者，皆解军法，布约法。

第二期为约法之治。每一县既解军法之后，军政府以地方自治权，归之其地之人民；地方议会议员及地方行政官，皆由人民选举。凡军政府对于人民之权利义务，及人民对于军政府之权利义务，悉规定于约法。军政府与地方议会及人民各循守之；有违法者，负其责任。以天下平定后六年为限，始解约法，布宪法。

第三期为宪法之治。全国行约法六年后，制定宪法；军政府解兵权，行政权；国民公举大总统，及公举议员以组织国会。一国之政事，依于宪法以行之。

此三期：第一期为军政府督率国民扫除旧污之时代；第二期为军政府授地方自治权于人民而自总揽国事之时代；第三期为军政府解除权柄，宪法上国家机关分掌国事之时代。俾我国民循序以进，养成自由平等之资格，中华民国之根本，胥于是乎在焉。

这场论战的中心问题是要不要用暴力革命推翻清政府，建立一个资产阶级民主共和国。

改良派制造种种理由，维护清王朝的专制统治，反对暴力革命。他们宣称汉人在法律地位、政治生活等方面已经和满人完全平等，民族革命根本没有必要；政治革命的正当方针应该是劝告清政府改良政治，要求政府实行立宪，绝不是举行暴动。他们认为中国"国民恶劣","程度未及格"，不但不能实行民主共和，而且也不能立即实行君主立宪，只能实行所谓的"开明专制"。他们还认为进行革命，必然会造成"内乱"，引起外国的干涉，造成中国被瓜分的危险。

革命派列举历史事实，揭露清政府的统治是民族的牢狱，民主的障碍，清政府是甘心卖国的政府，只有用革命的手段打倒这个卖国政府，才能挽救国家民族的危亡，解救遭受残酷压迫的人民。

革命派严正指出，中国绝不是“国民恶劣”，而是清朝“政府恶劣”，中华民族的聪明才智并不下于世界各民族，中国人民完全有能力在推翻君主专制制度之后，“建一大共和国以表白于世界”。陈天华在《论中国宜改创民主政体》一文中，有这样的句子：

即以目近而言，民族主义提倡以来，起而应之者，如风之起，如水之涌，不可遏抑，是岂绝对无能力者所能之耶？

革命派强调说，通过流血革命由君主专制变为民主共和，乃是“进化之公理”，只有“兴民权，致民主”，中国才有出路。他们认为革命以建立民主政治为目的，不是争夺权位，不会引起内乱；革命不以排外为目的，不会招致外国的干涉。他们揭露改良派对革命和中国人民进行百般攻击和诬蔑，实际上是要使中国人民永远处于清朝统治者的奴役之下。

为了进一步宣传革命派的思想主张，1906 年 12 月 2 日，同盟会在东京举行《民报》周年纪念大会。大会由黄兴主持，章炳麟致贺词。到会的超过 5000 人，掌声、欢呼声响彻云霄。当宋教仁、

而歩泰西之法使萬姓超甦庶物昌運此
則應天順人之作也乃以人謀未藏勢偶
不利暫韜光銳以待異時來游上邦以觀
隆治不意清虜蓄此陰謀肆其陷害目
無友邦顯違公法暴虐無道可見一斑所
賴貴國政仁法美一夫不獲引以為辜奸
計不成僕之幸也抑亦中國四百兆生民之

《民报》第一号

宫崎滔天到会场时，门外已是人山人海，没法进入会场，竟然从窗子爬进去，当他们挤到讲坛前时，鞋子都挤掉了。

就在这次大会上，孙中山再次做了长篇演讲，阐述三民主义：

对于民族主义，孙中山说：

惟是兄弟曾听见人说，民族革命是要尽灭满洲民族，这话大错。民族革命的缘故，是不甘心满洲人灭我们的国，主我们的政，定要扑灭他的政府，光复我们民族的国家。假如我们实行革命的时候，那满洲人不来阻害我们，决无寻仇之理。

对于民权主义，孙中山说：

民权主义就是政治革命的根本。将来民族革命实行后，现在的恶劣政治固然可以一扫而尽，却是还有那恶劣政治的根本，不可不去。中国数千年来都是君主专制政体，这种政体，不是平等自由的国民可堪受的。

针对当时革命派和保守派集中论战的是要不要实行“平均地权”问题，改良派认为中国没有贫富悬殊的社会现象，地主土地所有制是神圣不可侵犯的，地主占有土地有利于社会“勤勉植富”。梁启超在《驳某报之土地国有论》一文中，拼凑了30多条理由攻击同盟会的土地国有，说这是为赌徒、光棍、乞丐、流氓着想，是煽动“下等社会”的人起来骚动，是危害“国本”，将“妨害”社会生产力的发展和“阻碍”社会文明的进步。

革命派驳斥了改良派反对平均地权、土地国有的论点。他们认为一个国家的土地为少数地主所垄断，地主徒手坐食，是很不合理的。他们指出中国社会所以贫弱，根源就在于地权之失平，将来地主兼大资本家，其“弊害更不可胜言”。因此，革命派强调只有平均地权，实行土地国有，才能矫正贫富不均的现象，发展社会生产。孙中山也在这次演讲中讲到，民国的关键就是“平均地权”，民生主义就是解决民生问题，关键就在于定地价。

孙中山明确地将革命的目标设定为“建立民主立宪政体”，也就是不但要推翻腐朽的清王朝，而且要打倒一切封建君主专制。他大声疾呼：“凡是革命的人，如果存有一些皇帝思想，就会弄到亡国。”在同盟会的十六字纲领中，“驱除鞑虏”和“创立民国”是相互的，“创立民国”才是目的。

孙中山满怀激情地提到了未来的“五权宪法”：行政、立法、司法、考试、纠察。他把这“五权分立”称为“破天荒的政体”。他希望人们在这个设想的基础上，继续讨论，进一步完善。他认为“这便是民族的国家、国民的国家、社会的国家皆得完全无缺的治理，这是我汉族四万万人最大的幸福了”。

孙中山的演讲受到了热烈的欢呼，章炳麟接着登台演讲，他谴责了清王朝种种社会问题，指出“像现在官场情景是微虫霉菌，到处流毒，不是平民革命，怎么辟得这些瘴气”。

经过改良派和革命派的论战，民主革命思潮得到了更加广泛的传播，许多资产阶级、小资产阶级知识分子从改良派思想的束缚下解放出来，纷纷站到革命的旗帜下面，成为革命派的成员。改良派日益孤立，1907 年《新民丛报》宣告停刊，承认在论战中遭到失败。《新民丛报》停刊之后，海外保皇派又于 1907 年 10 月，在东京成立政闻社，参加政闻社成立大会的约有 200 多人。革命派和同情革命的留学生闻知后，约同千余人前往，把政闻社成立大会冲击得七零八落，然后革命党人登台演说，台下掌声雷动。

萍浏醴起义
——谁与斯人慷慨同

塞上秋风嘶战马，神州落日泣哀鸿。几时痛饮黄龙酒，横揽江流一奠公?

——孙中山

1906年以来，清政府虽然在不得已的情势下被迫推行新政，但经过太平天国和庚子之变后，整个统治系统已经趋于崩溃，朝廷对地方鞭长莫及，各地官吏肆无忌惮地贪污腐败，搜刮掠夺，视百姓如草芥，百姓生活极其艰苦，整个社会民怨沸腾，积累了巨大的仇恨和不满，就像一个巨大的火药桶，只要有人出来鼓动起义，星星之火就可以立即形成燎原之势。

同盟会成立以后的第一次武装起义——萍浏醴起义就是在这样的背景下发生的。

在湘、赣边境的萍乡、浏阳、醴陵地区，哥老会活动极为频繁。

黄兴主持的1904年长沙起义失败的第二年，洪江会首领马福益被清政府杀害。他的牺牲，大大地加深了会党对清政府的仇恨，会党群众“誓复仇，益倾向革命，继续图大举”。

1906年冬，同盟会会员刘道一、蔡绍南等人奉黄兴之命从日本秘密回到湖南，约集蒋翊武、龚春台、刘崧衡等于长沙水陆洲开会，议定联络萍、浏、醴会党起事，定在年底清政府官署封印时发动。

会后，刘道一留在长沙，负责武装起义的筹备工作。蔡绍南回萍乡上栗市原籍，与先前到达的魏宗铨会合。

当时，湖南的会党势力非常雄厚，遍地都是山堂，金龙山、腾龙山、泰华山、锦华山、楚金山、金凤山、天台山等，都是称雄一时的堂口。

蔡绍南等人约集萍、浏、醴一带哥老会首领肖克昌、李金奇、胡友堂等百余人于萍乡蕉园集会，举行开山大典，改称“六龙山洪江会”，推举哥老会首领龚春台为大哥，内设八堂、外设八路，吸收同志入会，以“忠孝仁义堂”为最高机关，歃血为盟，“遵誓中华民国宗旨，服从大哥命令，同心同德，灭满兴汉，如渝此盟，神人共殛”。

7月，龚春台、蔡绍南等召集各路码头官于萍乡弹子坑慧历寺举行秘密会议，决定筹款购买军火，邀请哥老会大头目冯乃古和洪福会首领姜守旦加入洪江会共同举义，并以该寺为洪江会总机关。清政府官员得知同盟会的活动，便采取镇压手段。

10 月，萍、浏、醴三县派兵突袭麻石，洪江会第三路码头官李金奇被清军追至醴陵白兔潭，投水牺牲。接着会党头目肖克昌被设计诱杀，张折卿、王永求、罗良初等被捕遇害，慧历寺机关亦被抄封。

10 月 3 日，龚春台、蔡绍南召集会党首领于萍乡高家台举行紧急会议，决定立即发难。

是日，各路会党于萍乡、浏阳、醴陵同时起事。“嗣克宜春之慈化，所有醴陵、浏阳、湖南、江西各地，纷纷响应，人数约有三万”，“醴陵防营兵士，亦反戈相应”。义军“分三大股，在萍乡起义者多煤矿工人，在醴陵起义者多为防营兵勇，在浏阳起义者多为洪江会党”，“每股约万人，以浏阳一股为主力”。同日，起义军占领浏阳麻石、高家头、金刚头，萍乡县属高家台。

6 日，集合于麻石的义军两万余人向上栗市进发，“前排大号筒数对，大白旗二面，小白旗百余面，上书‘官逼民反’‘灭满兴汉’等字。”时上栗清军仅 20 余名，起义军很快占领上栗市。

同日，起义军在上栗市宣布定名为“中华国民军南军革命先锋队”，推龚春台为都督，蔡绍南、魏宗铨分任左、右卫都统。龚春台以“中华国民军南军革命先锋队都督”的名义发布檄文，历数清政府“窃据中华”、“致列强乘机侵占要区”，“权利赠给外人”、“致政治紊乱，民生涂炭”，“假颁立宪之文，实行中央集权之策”等十大罪状，宣布起义宗旨是“专以驱逐鞑虏收回主权为目的”。为了证明他们绝非历史上的“草昧英雄”，也毫无落后的帝王思想，会党散发了大量的檄文，檄文称：

> 不但驱除鞑虏，不使少数之异族专其权利；且必破除数千年之专制政体，不使君主一人独享特权于上。必建立共和民国，与四万万同胞享平等之利益，获自由之幸福。而社会问题，尤当研究新法，使地权与民平均，不使富者愈富，成不平等之社会。

檄文号召全国人民，“各尽天职，各勉尔力，以速底鞑虏之命，而赞中华民国之成功”。

7日，浏阳大旗山、大光洞、九鸡洞一带的洪福会，在首领姜守旦的率领下宣布起义，参加者万余人，打出“新中华大帝国南部起义恢复军”旗号，起而响应，并发布檄文：

> 勿狃于立宪、专制、共和之成说，但得我汉族为天子，即稍形专制，亦如我家中祖父，虽略示尊严，其荣幸犹为我所得与。或时以鞭扑相加，叱责相遇，亦不过望我辈之肯构堂，而非由奴隶犬马之心。我同胞即纳血税，充苦役，尤当仰天三呼万岁，以表悃忱爱戴之念。

这篇檄文，应该说只反满清，不反皇帝，就算“纳血税，充苦役”，“尤当仰天三呼万岁”，简直与中华民国的理念背道而驰。

同日，浏阳又有洪江会众数千人于文家市、牛石岭、永和市、官庄等地发难，克复南街市、西乡、潭塘、高址、官眼、大光洞诸地方。自此，响应者“如风发泉涌”，迅速占领了醴陵、宜春、万载、浏阳、萍乡五县。

萍浏醴起义声势浩大，震动朝廷内外，清政府更是急得像热锅上的蚂蚁，连下谕旨，急令湖北、湖南、江西、江苏四省督抚派兵会剿。于是，江西袁州的清军火速赶往镇压。两江总督端方派步兵、炮兵、骑兵支援。张之洞派出湖北新军步兵四个大队、炮兵一个中队驰援。参与围剿的清军达 5 万人。无论是武器装备，还是人数，朝廷都占优势。

8 日，龚春台率起义军主力进攻浏阳县城，重创清军。但后方据点上栗市仅留五六百人据守。萍乡、安源方面清军闻讯，便从案山关乘虚偷袭，激战半日，义军溃败，上栗市失守。慈化、桐木之革命军，听闻上栗市惨败，不战自散。

11 日，龚春台部继续攻浏阳城不克。这天夜晚，清军乘机渡河，在南市街夹击义军。义军力不能敌，退到牛石岭，又遭金刚头方向清军截击。义军“经此夹击，连死并逃者，已去十之八九”。龚春台、蔡绍南被迫化装前往普迹市哥老会首领冯乃古处请兵，以图再举。不料中途蔡绍南被清军捕杀，冯乃古亦被杀；魏宗铨旋于萍乡遇害。

14 日，清军进攻大溪山寨姜守旦部，姜守旦退走大光洞，

20 日，再败于平江沙铺，旋入江西修水境内。起义开始时，刘道一准备策动长沙新军及巡防营立起响应，不幸事泄被捕，31 日，于长沙东南洲阳门外就义。其余各路义军亦因分散应战，寡不敌众，在清军围攻下，于 12 月下旬相继宣告失败。

萍浏醴起义是同盟会成立后举行的首次大规模武装起义。起义军遭受巨大损失，阵亡和被捕遇害的义军首领计有蔡绍南、魏宗铨、胡友堂、刘道一等数十人，被杀害的会众达一万余人。

萍浏醴起义爆发前，孙中山并不知情。12 月 12 日，日本报纸刊登了起义消息，孙中山、黄兴等人看到，非常兴奋，毕竟这是自太平天国以来，规模最大的一次反抗清朝的暴动，也是同盟会成立后第一次大规模起义。各地同盟会员有的驰往萍浏醴参加义军，有的积极联络学界、会党和军队准备响应。湖南同盟会员杨卓琳、胡瑛等与江浙光复会相约响应；留日学生刘震、黎兆海等联络长沙下游会党首领袁有升、江佑泉、龙见田等亟谋在江苏发难。宁调元主编的《汉帜》发表文章，呼吁“欲中国于今日列强竞争之世，非先扑灭满洲不可！欲打倒满洲于今日压制汉族之际，非速援助湘赣此次之革命军不可”！

在日本的同盟会会员纷纷请缨回国，据孙中山记述，“东京同盟会员莫不激昂慷慨，怒发冲冠，亟思飞渡内地，身临前敌，与虏拼命。”每日到机关请命投军者甚众，“稍有缓却，则多痛哭流泪，以为求死所而不可得，苦莫甚焉”。孙中山、黄兴立即派朱子龙、梁钟汉、孙毓筠等回国，分赴苏、皖、湘、鄂、赣等省策应起义。黄兴也准备返回国内，亲赴前线指挥。

但是起义来得太突然了，不仅令在日本的同盟会总部措手不及，连近在咫尺的湖北同志也懵然不知，甚至不能及时做出回应。仅仅一个多月的激烈厮杀，起义军便失败了。革命党不仅缺乏弹药，人数少，而且没有经过训练。大部分革命党首领，不是马革裹尸，就是被捕砍头。三万余起义军，一万余人战死。龚春台仅以身免，逃往长沙。

刘道一被害后，东京革命党人黄兴立即离东京赴香港筹划再次起义；并为刘道一举行追悼会，孙中山作七律挽歌：

半壁东南三楚雄，刘郎死去霸图空。
尚余遗孽艰难甚，谁与斯人慷慨同？
塞上秋风嘶战马，神州落日泣哀鸿。
几时痛饮黄龙酒，横揽江流一奠公？

黄兴也作诗悼念：

英雄无命哭刘郎，惨澹中原侠骨香。
我未吞胡恢汉业，君先悬首看吴荒。

清政府镇压了萍浏醴陵起义，又继续搜捕革命党。革命党在武昌的秘密机关日知会被官府查封，负责人刘静庵被捕，其他数省的革命党也受到牵连。上海革命党人黄易、张宝卿被捕；奉孙中山之命回国联络会党的醴陵党人杨卓林也被捕，就义前，他慷慨陈词：

法国鲁索云，不自由毋宁死。佛家云，众生一日不出地狱，即余一日不出地狱。

孙中山派革命党人孙毓筠回国动员军队，因谋刺端方事败，也锒铛入狱。在日本的黄兴接到一连串事败的消息，党人遭受如此惨重牺牲，不禁痛哭失声，写诗哀悼：

啾啾赤子天何意，猎猎黄旗日有光。
眼底人才思国士，万方多难立苍茫。

黄兴此时的心情可谓五味俱全，革命同志牺牲，内心悲怆，而同盟会内部的分裂，他更有“万方多难立苍茫”之感。

革命党人徐锡麟
——图共和之幸福

只解沙场为国死，何须马革裹尸还。

——徐锡麟

从1906年开始，在日本的同盟会会员就纷纷取道回国，准备大干一场。陶成章暗暗回到浙江，与徐锡麟合谋，准备在当地做一番大事。

徐锡麟，字伯荪，浙江绍兴人。1901年被聘为绍兴府学堂算学教师，后提升为副监督。1903年赴日本游历，结识革命党人陶成章、龚宝铨等人，深受影响，思想发生变化，倾向于革命。回到国内后，在家乡创办蒙学，提倡军训，并在绍兴开设特别书局，宣传反清革命。1904年到上海会见蔡元培，加入光复会。

1905年2月，徐锡麟游历诸暨、嵊县、东阳、义乌等地，联络会党。9月间在绍兴创办大通学堂，设体育专修科，招收会党头目入学进行军事训练，又设立秘密机关，准备打劫当地的钱庄。据陶成章说：“锡麟开办大通学校之本意，原为劫钱庄匿伏藏获之所。”因为条件不具备，这个计划没有实施。徐锡麟的想法很多，当时钱庄没抢成，就又打算趁开学日，邀请绍兴城的大小官吏，前来观礼，然后一网打尽，统统杀死。这件事当然也没办成。他又想派人到南京搞暗杀，制造混乱，然后各方同时起事。当然也不了了之。

这年冬天，徐锡麟再赴日本，计划学习军事，以便将来军事之需，但同样没能实现。1906 年春，徐锡麟回到国内，捐资为道员，被派往安庆，经表叔俞廉三推荐，得安徽巡抚恩铭之重用，大通体育学堂则交给另一位女革命党人秋瑾主持。

1907 年，徐锡麟被任命为安庆巡警学堂会办，不久又接任陆军小学监督。他利用职务之便，积极开展革命工作，白天亲自给学员上课，晚上常和学员们在一起饮酒，借机与学员建立关系，传播革命思想。

巡警学堂有个叫顾松的满族官员，为人阴险狡诈，他发现徐锡麟的言论和行动有些可疑，常向恩铭说徐锡麟的坏话。恩铭半信半疑，决定设计考验一下。一天，恩铭独自召见徐锡麟闲谈，突然话锋一转，问道：“有人说你是革命党，你可要小心干啊！”徐锡麟听后，心里不由一惊，表面却镇定自若地回答：“大帅肯定了解我，自然会替我澄清谣言。”恩铭见徐锡麟神色从容，毫不惊慌，不但不怀疑他，反而更加信任重用他了。

徐锡麟在安庆没有什么革命基础，巡警学堂里的同志更是屈指可数。看到有人开始怀疑自己，更感到时不我待，与其坐以待毙，不如孤注一掷。于是，与秋瑾相约于7月19日同时举义。徐锡麟还连夜起草了一份《光复军告示》，宣布：遇满人者杀，遇汉奸者杀！

在徐锡麟发动起义前，清政府上海当局捕获党人叶仰高，押送南京，经两江总督端方酷刑严讯，叶仰高叛变泄密，所幸他所供出的都是党人的别名或暗号。端方将名单电告恩铭，嘱咐他必须严拿。恩铭接到名单后，不知第一人即是徐锡麟，对徐锡麟还很信任，于是和徐锡麟商议怎么处理。徐锡麟当时心里一抖，知道已经暴露，同时秋瑾也从绍兴传来关于形势危急的情报，徐锡麟便与革命党人陈伯平、马宗汉计议，商定趁7月8日巡警学堂毕业生举行典礼时，发动起义，一举将恩铭等省府官员全部杀死，占领安庆，同时通知各地会党届时响应。没想到，恩铭将毕业典礼提前到7月6日举行，致使他的起义计划被打乱。

1907年7月6日一早，徐锡麟与陈伯平、马宗汉来到巡警学堂，召集学生，发表演说，训诫他们要“不忘救国”。上午8时，恩铭及文武官吏陆续到达巡警学堂礼堂。当时学堂内外已经布满卫兵，徐锡麟等人已无任何成功希望，但此时也顾不上那么多了。恩铭一下轿子，徐锡麟就邀请他先去吃饭，想在席间把他杀了。但恩铭执意不肯，非要参加完典礼再去吃饭。徐锡麟没办法上前，只得假装上呈学生名册，同时举手向恩铭行礼，大声说道："回大帅，今日有革命党起事。"恩铭立时惊愕，问："革命党在哪儿？"陈伯平随即上前向恩铭投一炸弹，炸弹没有爆炸。徐锡麟随即由靴中拔出手枪，向恩铭连射，恩铭身中七枪。一中唇，一中左掌手心，一中右腰际，余中左右腿，可惜都没有击中要害。文武巡捕护卫恩铭退出礼堂。陈伯平追放一枪，子弹从恩铭臀部穿至心际。轿夫把奄奄一息的恩铭放入轿中，两脚拖于轿外，狼狈地抬回抚署。恩铭还声嘶力竭地喊："抓住徐锡麟！"到下午，恩铭毙命。

刹那间风云突变，礼堂内外乱作一团。文武官吏，只顾自己，纷纷逃窜。这时顾松逃到门外跳下一条污水沟，正想逃走，被马宗汉一把抓住，顾松叩头求饶，徐锡麟先用刀砍，见不死，命令马宗汉用枪打死这个奸细。接着，徐锡麟对学生大呼："巡抚已为顾松所杀，我们快去占领军械所，从我革命。"这样，徐锡麟、陈伯平、马宗汉率领少数学生向安庆城西军械所进发。可惜，当时学生们都还没有从惊愕中醒来，不知他是想抓奸细，还是想革命，所以跟从徐锡麟的也没几个。

清军关闭了安庆城门，徐锡麟派出的联络员出不了城，城外的新军也进不来，起义军内外联系中断。是时，军械所总办已携带仓库钥匙自后门逃走，弹药都藏在地下库内，一时无法取出，光复军战士从库房里拉出一门木炮，架在军械所台厅，陈伯平随手取了一枚炮弹装进炮膛，对徐锡麟说："现在形势危急，用炮弹把抚台衙门炸掉，摧毁敌人机关，然后轰击北门城楼，打开城墙缺口。”徐锡麟见抚台衙门一带，民房稠密，马上制止说：“这样做就会玉石俱焚，与革命宗旨不符。我们即能成功，老百姓必然糜烂不堪。”坚决不让开炮。

不久，清军缉捕营、巡防营队伍赶到，包围了军械所。光复军利用军械所的坚固围墙，有的爬上屋顶，朝着清兵射击。清兵伤亡 1000 多人，不敢上前。藩司冯煦闻报，立即派道员黄润九、邑令劳之琦前往督阵，清军仍迟迟不动。清政府见军械所久攻不下，不得不悬赏重金捉拿徐锡麟。开始 3000 银元，即刻增加至 7000 元，后来高达 1 万元，清军才开始进攻。双方相持，从中午开始，战斗近 5 个小时，陈伯平不幸牺牲。接着，敌人破门而入，只见徐锡麟军帽、戎装丢在地上，不见人影。冯煦再次出示加赏，并严令四处搜捕。下午四点，徐锡麟、马宗汉和一些学生相继被捕。

藩司冯煦立即开堂审讯。冯煦命徐锡麟下跪，徐锡麟不跪，反倒席地而坐。

冯煦审讯徐锡麟：“恩铭待你不错，你为什么要杀他？”

徐锡麟义正词严地回答：“恩铭待我好是私情，我杀恩铭是为公。”

冯煦问：“同党是谁？在哪里？”徐锡麟回答：“革命党人多得很，唯安庆是我一人。”

冯煦追问他是否受孙文指使行刺，徐锡麟笑道：“我与孙文宗旨不合，他亦不配使我行刺。”

冯煦继续审讯逼他写供词，徐锡麟提笔疾书，立刻写了数千言，写罢自读，复自修改。纸上写的都是“杀尽贪官”“推翻清廷”“恢复中华”等内容。审讯完毕，只听“咔”的一声，有人给“囚犯”拍了一张照片。徐锡麟说：“慢，脸上没有笑容，怎么留给后代，再拍一张。”徐锡麟态度从容镇定，公堂上一片肃静。

徐锡麟被捕后，“省城罢市，人心惶惶”。端方“恐有余党劫犯”，致电冯煦要立即处死徐锡麟。恩铭的太太要求按照1870年张汶祥刺两江总督马新贻旧例，挖徐锡麟的心来祭恩铭，然后斩首。徐锡麟听了哈哈大笑，说：“我为重建中国，早置生死于度外，区区心肝，何屑顾得。要杀，要剐，请便。”

冯煦坐在衙门公堂上，厉声地说：“徐锡麟，你只要交出光复会名单，可免你一死。”

徐锡麟站立台阶，朗声大笑：“可笑大人有眼无珠。告诉你，革命党人遍及中华，我四万万同胞必能振兴中华，图共和之幸福。”

1907年7月6日夜，在安庆抚院东辕门外刑场行刑。临刑前，徐锡麟仰天长啸：“功名富贵，非所快意，近日得此，死且不悔矣！”几个刽子手把徐锡麟的睾丸砸碎，然后剖腹将他的心脏取出炒食下酒，残酷至极。

对于徐锡麟就义，鲁迅在《狂人日记》中写道：“……从盘古开辟天地以后，一直吃到易牙的儿子；从易牙的儿子，一直吃到徐锡麟。”

徐锡麟殉难时，年仅34岁。

徐锡麟领导的安庆起义失败了，但对革命者是个激励。端方、朱家宝在给宣统的奏折中供认：“自徐锡麟倡乱后，谬论邪说，时有流传。”革命党人的活动，并未停止。徐锡麟起义的枪声一响，清廷官吏如同惊弓之鸟，朝野一片惊慌。安徽巡抚同两江总督、清军机处之间来往电函如雪片乱飞。仅徐锡麟起义后两个月内，有档可查的电报就有160多份。连在北京的慈禧太后接到电报后，也惊恐万状，立即谕令内外城警察查缉革命党，又火速命令提督姜桂题带一营兵马保护颐和园。张之洞、袁世凯、端方等纷纷发出电报，请太后从颐和园移居内廷。徐锡麟领导的安庆起义，给清廷以沉重的打击，在辛亥革命史上留下了不能抹杀的一页。

“鉴湖女侠”秋瑾
——愿将生命作牺牲

拼将十万头颅血，须把乾坤力挽回。

——秋瑾

1907年5月，徐锡麟准备在安庆起义，秋瑾在浙江等地响应。

秋瑾生于1875年，祖籍浙江绍兴，出生于福建厦门。她从小聪明伶俐，写诗作词样样精通。她钦佩历史上的“巾帼英雄”，憧憬着当个花木兰式的女英雄，为此，她学了一身好武功。她经常骑马舞剑，拿枪弄棒，还自号“鉴湖女侠”，在江浙一带很有名气。

结婚后，秋瑾随丈夫来到北京。在北京，秋瑾以她豪爽的性格结交了很多思想进步的人士，和他们成为朋友。1900年，八国联军入侵北京，秋瑾一家不得不到南方避难。一路上，她看到侵略军烧杀抢掠、无恶不作，心中感慨万千：神州大地满目疮痍，外国人肆意欺凌中国人，清政府却无力保护。中国人应该起来，为救国救民而奋斗。她愤然赋志：“身不得男儿列，心却比男儿烈。”她不愿“与世浮沉，碌碌而终”，渴望把裹在头上的妇女头巾换成战士的盔甲，像花木兰那样，效命疆场。

从此，秋瑾开始了她的革命活动。她的丈夫希望自己的妻子作一个贤妻良母，而不是什么革命者。他经常讥讽秋瑾：“一个妇道人家，就应该在家里沏茶做饭，相夫教子。革什么命啊，也不怕别人笑话！”

这时，秋瑾就会坚定地反驳他：“难道你没看见，国家正在危难之中。那么多革命党人都为国捐躯了，我们怎么能在家享清福呢！他们都是男子，没有女子参加，这是女子的耻辱，我要洗清这个耻辱，为国家尽力！”

秋瑾曾感慨地对朋友说：“人生处世，当匡济艰危，以吐抱负，怎么能被柴米油盐这些琐事禁锢终身呢？”

1904 年，秋瑾毅然离开她的丈夫和两个年幼的孩子，只身东渡日本求学。在日本，秋瑾积极地投入到中国留学生的革命斗争中，是学生中的活跃分子，发起组织了共爱会、十人会等小团体，创办了《白话》杂志，宣传革命思想。后来，在冯自由的介绍下，秋瑾在横滨加入洪门三合会，在这个最庞大最复杂的地下社会中，作为一位女性，她竟被封为“白纸扇”，也就是军师。秋瑾在入会时宣誓，如果对帮会有二心，则“上山逢虎咬，出外遇强人”。

1905 年春夏间，秋瑾回国，由徐锡麟介绍加入光复会。7 月，秋瑾再赴日本，经冯自由介绍，在黄兴寓所加入同盟会，被推为同盟会评议部评议员和浙江省主盟人。清政府勾结日本政府，颁布取缔中国留学生规则，压迫留日学生，1906 年秋瑾愤然回国，在上海创办中国公学。她和一些同志在上海设立革命机关，并主持《中国女报》，第一个提出创建“妇人协会”的主张，为近代妇女解放吹响了第一声号角。

女革命家秋瑾

这一年，秋瑾返回家乡绍兴，主持大通学堂。大通学堂是革命党人徐锡麟、陶成章等创办的，是光复会训练干部、组织群众的革命据点。秋瑾原计划招收女国民军，自任督帅，当地士绅和学界齐声反对，认为女人操练兵器太不像话，也没有女子来报名，只好在金华、处州、绍兴三地招来几十名会党分子入学，练习兵操。秋瑾自己常常穿着军衣，在城内策马扬鞭，很是招摇，当地士绅无不侧目。奇怪的是，当地官府却认为秋瑾是响应朝廷的号召，举办新式学堂，对秋瑾表示大力支持，知府大人还挥笔泼墨，赠给她一副对联："竞争世界，雄冠全球"。这样一来，人们就是对她有意见也不敢说什么了。

在大通学堂的掩护下，秋瑾一边在暗中学习制造炸弹，一边四处招揽会党。三山五岳的好汉，纷纷到绍兴拜码头，今日桃园结义，明天梁山聚义。明着进行军事操练，暗中积极联络浙江各地会党。按照会党的规矩，秋瑾把光复会分为十六级，徐锡麟等人为最高首领。她还写了一首诗：

黄祸源溯浙江潮，卫我中华汉族豪。

莫使满胡留片甲，轩辕神胄是天骄。

1907 年 5 月，秋瑾将各地会党编为八军，分别以"光复汉族大振国权"八字命名，准备在 7 月 6 日在金华发难，处州、绍兴响应，然后汇合兵力攻打杭州。如果失利，就进入江西，与在安庆起义的徐锡麟汇合。后来，秋瑾又把起义日期改为 7 月 19 日。

不料，徐锡麟起义计划泄露。7 月 6 日，徐锡麟仓促刺杀安徽巡抚恩铭，在安庆发动起义，因准备不足，起义很快失败，徐锡麟也被捕牺牲。

徐锡麟身边的通讯员冒死赶到绍兴的大通学堂。此时，秋瑾正在和一些革命党人制订绍兴起义的具体计划，秋瑾立刻明白，她主持的浙江地区起义计划完全泄露，形势十分危急，学堂里的同志都主张即日起事，先杀知府，占领绍兴府。秋瑾则坚持必须等到各地义军赶到才能举事。在本来就不多的同志中，秋瑾还抽调了二十几人到杭州城做内应。绍兴的革命党人力量更加薄弱了。此时的秋瑾，与其说还想起义，不如说只想自己有一个轰轰烈烈的死法，给活着的人做一个榜样。

7 月 12 日，秋瑾得到消息，官府将来抓人。她一面将党人的花名册烧毁，一面派人通知其他革命党人赶快躲避起来，自己却留在学堂，等候官兵到来。同志们劝她暂避一时，她没有走。

第二天，在通往学堂的路上，官兵的马蹄声踏破了黄昏的寂静，身边的同志再次劝秋瑾逃走，她只淡淡地说："革命要流血才能成功，如满奴能将我绑赴断头台，革命至少可以提早五年。"她把一张椅子放在屋子中间，端坐不动。

在审讯中，秋瑾始终一言不发。1907 年 7 月 15 日凌晨，在绍兴城内古轩亭口，秋瑾被杀害。在临刑前，她从容地在供词上写下了一行字：

秋风秋雨愁煞人！

为了挽救民族危亡，秋瑾献出了年轻的生命。那一年，她

32 岁。秋瑾生前，曾表示“愿骨埋西泠”，她牺牲后，好友徐寄尘不忘烈士遗愿，在杭州西泠桥畔买得一块土地，并和秋瑾盟姐吴芝瑛一起把她葬在西泠桥畔。

冯自由曾这样评价秋瑾：

迹其生平，行事之勇敢，任事之忠纯，处事之公正，虑事之周密，临事之沉毅，不独在清季浙江党人中无出其右，即以全国党人而论，亦属凤毛麟角。

清政府预备立宪

——“取外国之长”“去中国之短”

专己者孤，拒谏者塞，孤塞之政，亡国之风也。

——范晔《后汉书》

戊戌变法失败后，1900年，又爆发了震惊中外的义和团反帝爱国运动。义和团高举“扶清灭洋”大旗，迅速席卷北京、天津、华北、东北等地，给外国侵略者以沉重的打击。这年8月，八国联军公然侵略中国，把中国最高统治者慈禧太后逼出了北京故宫，不得不流亡西安。义和团失败了，中国陷入更深的民族危机之中。

与此同时，进入20世纪，中国社会也发生了巨大的变化。19世纪中期开始的洋务运动已经持续了几十年，一批最早觉醒的知识分子充分认识到，只有学习西方先进的东西，才能改变中国落后的现状。据统计，1879年，仅江南制造局翻译馆翻译的“西书”就有377部，销售31111部，大量西方著作的翻译和引进，进一步开拓了中国人的眼界。民主、自由、平等概念，正在古老封建专制的大帝国日益散播开来。与此同时，社会生活也悄然发生着变化，在上海，房地产业出现了，在金钱和权力的交互作用下，上海外滩和南京东路低端的地价，甚至远远高出当时世界经济中心的英国伦敦和暴发户的美国纽约。租界内的地价也以迅猛之势飞速增长；人们开始毫无顾忌地追逐财富金钱，上海的妇女们甚至疯狂地购买彩票，以求一朝暴富；上海环马路跑马厅里竟然“士女云集，举国狂若”；四轮汽车出现在上海街头，有钱人家的公子贵妇们坐在汽车上从热闹的街市上张扬而过。随着西方人走入上海滩，一些中国人也开始使用以耶稣为象征的公历纪年，阳历年时，上海的官员们要到各国领事馆、天主教会的住所，送上一份贺礼；阴历年节，外国领事们也要到上海官府，送上一份洋人的祝福。1903年3月，中国最早的一份科学杂志《科学世界》创刊。1908年，全国城市有各种商会262个；1909年，全国教会有722个；1909年，全国有女校70多所……

东西方两大文明在世纪之初，就这样相遇，曾经浓烈的对立和冲突渐渐被岁月所稀释。终于，一些先辈从激烈的“华夷之辨”中，走向了“师夷之技”的道路。

所以，在1901年，“百日维新”两年后，亲手葬送了“戊戌变法”的慈禧太后，重新提出了变法的上谕。

光绪皇帝像

八国联军侵华发生在1900年8月14日。这一年的7月26日，维新志士唐才常等人在上海惠园召开了一次集会，这是中国历史上的第一次“中国国会”，写过《西学东渐记》的容闳被推举为会长，翻译过《天演论》的严复为副会长。

8月20日，逃亡西安的慈禧太后在宣化府属的鸡鸣驿，以光绪皇帝的名义发布了一篇“罪己诏”，竟把这一切变乱的原因归结为大臣的“私心”：

近二十年来，每起一次衅端，必申一番告诫。卧薪尝胆，徒说空言，理财自强，几成习套。事过之后，循情面如故，用私人如故，敷衍公事如故，欺朝廷如故。大小臣工，清夜自思，即无拳匪之变，我中国能自强耶？夫无事且难支拄，今又酿此奇变，益贫益弱，不待智者而知。尔诸臣受国厚恩，当于屯险之中，竭其忠贞之力。综核财赋，固宜亟偿洋款，仍当深恤民难。保荐人才，不当专取才华，而当内观心术。其大要无过去私心，破积习两言。大臣不存私心，则用人必公；破除积习，则办事着实。惟公与实，乃理财治兵之根本，亦即天心国脉之转机。

“罪己诏”发布4个月后，即1901年1月29日，慈禧太后下诏变法，诏书中说，“世有万古不变之常经，无一成不变之治法。”“法令不更，固习不破，欲求振作，当议更张。”

清政府当权者这次表明了态度，要“取外国之长”“去中国之短”，开始实行“新政”。

变法上谕颁布5个月之后，“江楚会奏”三折出台，这是由两江总督刘坤一、湖广总督署湖北巡抚张之洞拟就的，为慈禧太后的变法提供基本的理论依据、初步方案和实施步骤。

“新政”的内容基本上重复了百日维新时光绪皇帝发布的改革诏令，一些枝枝节节的改变也不可能使清朝真正走上改革之路。不过，“江楚会奏”和清末“新政”却使“采西法”的思想成为朝廷认可的行为和原则，这不能不说是一个进步。

自1901年慈禧太后下诏变法以来，立宪的呼声也一浪高过一浪。1904年2月到1905年9月，日本和俄国为了争夺在中国的利益，竟在中国的东北打了一场大战，结果是，东亚小国的

慈禧皇太后画像

日本战胜了庞大的沙皇俄国。当时日本明治维新只有三四十年的时间，一个区区岛国，战胜了如此大国，朝野上下对日本的“立宪君主制”都产生了无尽的迷恋，戊戌变法后流亡海外的梁启超也极力鼓吹在中国实行立宪制。

这时，有一些派驻外国的公使和朝廷中的官员，还有一些地方上的督抚，其中包括最有实力的直隶总督袁世凯，向朝廷提出了“变更政体”的请求。他们所谓的“变更政体”，就是由清朝朝廷颁布宪法，实行君主立宪。

掌权者慈禧太后迟疑地表示接受这种请求。实行立宪，是否会妨害清朝皇室和满洲贵族的权力，慈禧太后还拿不准。当时的一个革命刊物记载，她对一个大臣这样说：“立宪一事，可使我满洲朝基础，永久确固，而在外革命党，亦可因此消灭。候调查结局后，若果无妨害，则必决意实行。”

1905 年 7 月 16 日，清廷发布上谕，将派遣五大臣出洋，考察西方立宪政体，曾经讳莫如深的“宪政”问题终于成为专制政权最高决策层必须面对的当务之急。而朝廷决定派出大臣到外国去“考察政治”，就是“为将来实行立宪之准备”。

将要出洋考察的五大臣有镇国公载泽、户部侍郎戴鸿慈、兵部侍郎徐世昌、湖南巡抚端方、商部右丞绍英。其中两个满洲贵族，三个汉族官员。另外还有 30 多名随员，有文职，也有武职，包括了清王朝权力体系的各个层面。

8 月 26 日，北京火车站，被派出国的五大臣遭到革命志士吴樾的炸弹袭击。这一袭击只炸毁了车壁，载泽和绍英受了点轻伤，吴樾自己却被炸死了。吴樾是保定高等学堂学生，受革命书刊的影响，决定以暗杀手段来反对清朝政府。他和同盟会的个别会员有联系。他在遗书中说，决不能相信满洲政府的立宪，“满洲政府，实中国富强第一大障碍，欲救亡而思扶满，直飏汤止沸，抱薪救火”。

这次炸弹事件没有动摇清王朝对于“新政”的尝试，11 月，五大臣终于成行。他们在一批官员随从下先到日本，然后分两路到美国和英、法、德、俄等国。

五大臣中没有一个人明白“宪政”是怎么一回事，对于西方的“三权分立”“宪法”“律法”等近代政治体系，没有一丝一毫的了解，但是他们是肩负使命的，回国后，要交上一份像样的考察“宪政”报告。这对于这些官僚来说简直比登天还难。其中有一位随员叫熊希龄（1870—1937）很了不得，后来做了中华民国的第一任民选总理，这时候他建议五大臣，尽可以轻松地考察外洋，可以看风景，可以看跑马，也可以看赛狗，尽情玩，至于“宪政”报告，交给懂“宪政”的人去做好了。就这样，熊希龄专程跑到了东京，找到了因为朝廷通缉而流亡日本的梁启超和杨度。

第二年 7 月，两路考察团分别返回上海。因为“宪政”报告还没有拿到，官员们又在大上海逗留了多日，这期间专门有人到东京取“宪政”考察报告。拿到了报告，五大臣们才回到北京，向翘首企盼的朝廷复命。

五大臣拿到的报告有两份，一份是杨度执笔的《中国宪政大纲应吸收各国之所长》，一份是梁启超执笔的《东西各国宪政之比较》。

随即，慈禧太后和光绪皇帝召见了五大臣，出国开了眼界的大臣们极力夸赞立宪的好处。特别是载泽，在《奏请宣布立宪密折》中举出了立宪的“三大利”：

一曰皇位永固。道理很显然，在现在这样的形势下，只有立宪才能保证君主神圣不可侵犯。君主对于行政之事不必负责，要是行政之事搞糟了，大臣负责，议会弹劾，政府大臣辞职，另立一个新政府就行了。相位随时可能变化，皇位是万古不变的。

二曰外患渐轻。今日之所以列强总来欺负我们，是因为对我们这专制政体有看法，不以平等待我们，一旦实行“宪政”了，外强就从鄙视我们到尊敬我们了，把侵略的政策转为和平邦交了。

三曰内乱可弭。实行立宪了，公平了，文明了，什么会党啊革命党啊，就没什么借口造谣祸乱了，就算他们想倡言政变，也没人跟从了。

五大臣们都极力推崇“宪政”，不知道慈禧太后是怎么想的，不过，对于载泽密折中提出的，把实行立宪的时期推到15年或20年以后，年届七旬的慈禧太后还是很感兴趣。毕竟晚景无多，又是风雨飘摇，只要自己活着的时候政权安稳就行了，至于改弦易辙的事，就留待以后吧。于是，掌权的慈禧太后拍板决定，“预备立宪”。

1906年9月1日，由慈禧太后和光绪皇帝发布了“预备仿行宪政”的谕旨。谕旨中说：“时处今日，唯有及时详晰甄核，仿行宪政。大权统于朝廷，庶政公诸舆论，以立国家万年有道之基。”但谕旨中又说，“目前规制未备，民智未开”，所以什么时候实行立宪，现在还不能定，现在先从厘定官制着手，然后制定法律、广兴教育、清理财务、整饬武备、设制巡警，作为立宪的准备，“俟数年后规模粗具，查看情形，参用各国成法，妥议立宪实行期限，再行宣布天下，视进步之迟速，定期限之远近”。

这是中国几千年历史从未有过的事，真是举国同庆。当时扬州的商学界还创作了一首《欢迎立宪歌》：

大清立宪，大皇帝万岁万万岁！

光绪三十二年秋，欢声动地球。

运会来，机缘熟，文明灌输真神速。

天语煌煌，奠我家邦，强哉我种黄。

和平改革都无苦，立宪在君主。

大臣游历方归来，同登新舞台，四千年旧历史开幕。

英雄数巨子之东之西，劳瘁不辞，终将病国医。

纷纷革命颈流血，无非蛮动力。

一人坐定大风潮，立宪及今朝。

搜人才，备顾问，一时大陆风云奋。

勖哉诸君，振刷精神，铸我中国魂。

辛苦十年磨一剑，得此大纪念。

圣明天子居九重，忽然呼吸痛。

古维扬，新学界，侧闻立宪同罗拜。

听我此歌，毋再蹉跎，前途幸福多。

不管清廷是否真心要实行“宪政”，一些涉及社会政治的改革也还是悄然实行了。清政府开始裁汰一些闲散衙门，相继设立了商部、学部、巡警部和练兵处等新政机构。一些新政措施开始实行。

早在 1904 年 1 月，中国第一个现代学制就开始实行。1 月 13 日，张之洞等人拟定的《奏定学堂章程》正式颁行天下，宣布推行“新办学堂”。以后的几年里，《公司律》《大清印刷物专律》《新闻法》等相继颁布。尤其值得一提的是，1905 年 9 月，清政府正式诏准停止科举考试，延续了 1300 多年的科举制度被废止。

民众对“立宪”也寄予厚望，向往“宪政”的各类人士名正言顺地组合成各种社团，学生们也群情激奋，渴望真正实行宪政，更改管制，重定法律，各种团体游行集会，新闻界推波助澜。上海《申报》1906 年 10 月 2 日报道说：“凡通都大邑，僻壤遐衢，商界学界，无不开会庆祝。”

11 月 25 日（农历十月十日）是慈禧太后 71 岁生日。本来这些年来，人们已经恨透了慈禧，但是这一次人们似乎要原谅她了。有报纸报道说：“从此要实行立宪，这次圣寿就是实行立宪的纪念。这等的好日子，拍着巴掌，跳着脚儿，要喜喜欢欢地庆贺大典。”

出洋考察的大臣们也都得到了重用，端方被任命为两江总督，戴鸿慈升为法部尚书，载泽为度支部尚书，李盛铎为出使比利时大使。这些人也成为宪政改革的积极推动者。

看来清政府是要实行立宪了。开始时，在一部分革命党人中震动不小，甚至惊慌，他们担心清朝政府将由于实行立宪，政府就能长久维持其统治，推翻清朝统治的革命也就没有什么可能了，但事实证明清政府的立宪决心很有限。

清政府宣布“预备立宪”后，一些民族资产阶级上层人物非常支持和拥护，他们的政治代表立宪派欣喜若狂。

1907 年 2 月，康有为等人在海外将保皇会改为“国民宪政会”，准备回国同清政府携手推行宪政。接着，梁启超在日本东京成立“政闻社”，并于第二年把“政闻社”迁到上海，联络国内的立宪团体，为实现立宪奔走呼号。

在国内，江浙立宪派首领张謇、汤寿潜、郑孝胥等人，于 1906 年 12 月在上海成立“预备立宪公会”。接着，汤化龙在湖北成立“宪政筹备会”，谭延闿在湖南成立“宪政公会”，丘逢甲在广东成立“自治会”。其他地区也都有类似的立宪团体相继出现。

立宪派的成员大都经济实力雄厚，在清政府的官场里也有相当的政治地位。他们既害怕革命会使自己丧失在经济上和政治上的权益，又对清政府阻碍资本主义发展和限制他们参预政权深为不满，所以他们主张用请愿的方式，促成君主立宪政体的实现。

1908 年，张謇以预备立宪公会的名义，邀约各省立宪派代表齐集北京，上书朝廷要求速开国会。8 月 27 日，清政府颁布《钦定宪法大纲》，宣布预备立宪以 9 年为期，期满召开国会。《钦定宪法大纲》共二十四条，其中十四条规定君主享有至高无上的权力，而有关“臣民”权利和义务的九条，除规定当兵、纳税等义务之外，实际上并无真正的权利可言。这就清楚地说明，清政府是在借立宪之名，行君主专制之实。

立宪方案颁布仅仅 80 天后，1908 年 11 月，光绪皇帝和慈禧太后先后离世，3 岁的溥仪继位，改元宣统，其父载沣以摄政王监国。载沣主政后的第一次表态，就是遵循《钦定宪法大纲》，恪守 9 年预备的决定。但同时，又采取罢斥汉族官员的政策。1909 年，清廷以患“足疾”为名，命令手握重权的汉族官员袁世凯回河南彰德老家“养疴”，免除了他的直隶总督兼北洋大臣的职务。载沣又借口遵循《钦定宪法大纲》有关规定，代替年幼的溥仪任全国海陆军大元帅，任命弟弟载洵为海军大臣、

皇族内阁成员载沣

载涛为军咨大臣（即参谋长），把军权集中在皇族的手中。皇族集权进一步扩大了满族贵族同汉族军阀官僚之间的矛盾，也使立宪派对清政府的预备立宪产生怀疑。

1909年10月，各省咨议局正式成立，立宪派的许多代表人物被选为议员，各省咨议局的议长几乎都由立宪派的头目担任。同月，清政府又成立了中央资政院。立宪派对清廷宣布“预备立宪”以9年为期极为不满，决定利用咨议局的合法地位进行有组织的活动。

宣统皇帝溥仪

12月间，在寒潮冷锋交迫的上海，十六省咨议局（直、奉、吉、黑、陕、晋、鲁、豫、鄂、赣、皖、浙、闽、粤、桂、苏）的55名代表肩负着沉重的使命，陆续抵达上海。17日，在跑马厅的预备立宪公会事务所，各省咨议局首次联合会议召开，在一个多星期内连续六次会议，在广泛讨论的基础上，决定成立“国会请愿同志会”，随后，由 33 人组成的赴京代表团，规定于 11 月底齐聚北京，发起政治请愿。

这次全国咨议局联合会的发起人是著名的清末状元、实业家张謇（1853—1926），在 1894 年，张謇夺得甲午科状元，也是这一年，甲午战争中，清朝惨败，张謇萌生“实业救国”的抱负，从此投身实业，南通实业集团就是他一手创办的。1903 年，这位状元资本家东游日本后，便投身政治，极力推进政府立宪。1909 年，张謇被推举为江苏省咨议局议长。当 33 位赴京请愿代表团组成后，张謇写了一个文情并茂的《送十六省议员诣请上书序》，鼓励代表们要坚韧不馁，直至达成目的。

1910 年，一个注定喧闹的年份。

1 月 16 日，第一次国会请愿。天津代表孙洪伊领衔向督察员呈上《国会代表请愿书》，这份字斟句酌情真意切的请愿书说：

时局阽危，非速开国会不足以救急。

夫宪政之当行，国会之当立。国会者，宪政机关之要部。然国会之为用，在于政府对之负责任。又何必期以九年更立国会乎?

国会者，人民与闻政治之所也，必人民得有公举代表与闻政治之权，国家乃能加以增重负担，以纾国难之责。

有国会，则与之对峙之责任内阁始能成立，国会有议政之权，然后内阁得尽其职务。

东西各国，凡君主立宪国，而其君主又处最高不负责任之地。

最后，请愿书提出了一个明确的要求：“期以一年之内召开国会，则天下幸甚。”

请愿书递交以后，在孙洪伊的组织下，代表们带着恳劝朝廷的拳拳之心谒见朝廷重臣，希望能在掌握权力的大臣中获得支持，然而“速开国会”的要求遭到断然拒绝。在京的代表们立即组织“国会请愿同志会”，并以极快的速度在各省设立了支部，准备发动更大规模的立宪请愿。

4 月到 5 月，北京。从全国各地赶来北京请愿立宪的代表已经遍及整个社会，连南洋代表、华侨代表都参与进来。

6 月 16 日，第二次请愿，号称有 20 多万人签名，10 个团体同时呈递速开国会请愿书。面对前所未有的声势和规模，掌握生死大权的摄政王载沣再次拒绝。

立宪派不甘心，形势已到了千钧一发的地步。朝廷权力倚靠的地方要员们开始行动了，云贵总督、李鸿章的侄子李经羲率先向朝廷呈递奏折，要求设立责任内阁，3 个月里，没有得到朝廷的回复。9 月，李总督再次草拟了“筹商根本救治”的奏稿，并致电各省督抚呼吁联合行动，促成早日设立责任内阁。地方督抚们积极回应。到 10 月 25 日，由东三省总督锡良牵头，18 个总督、巡抚、将军、都统联名拟定奏折，要求即时设立内阁，来年召开国会。整个地方最高权力机关除了两江总督张人骏以外，所有一二品大员都赞成“速行宪政”。

与此同时，请愿国会同志会组织的第三次大规模请愿也已开始。每省签名都达到上百万人，全国各地的士绅组织集会，请愿，朝廷视而不见……就在 8 月 15 日，一直隐没在幕后的张謇出面，通告各省咨议局，如果不能速开国会，则不承认朝廷的新租税，各局同时宣布解散。

第三次国会大请愿渐次走向高潮，几乎整个社会都以“非暴力”的手段表达尽早召开国会的意愿，立宪派有组织的请愿，地方大员的公开支持，学生喋血请愿，乃至社会下层的抢米抗捐风潮，使得 1910 年的王朝政权真的要倾覆了。

皇室肃亲王善耆不得不出面告诫摄政王载沣：“若不速开国会，民心愤极，大祸必发。”这次，摄政王惊慌了。11 月 5 日，朝廷发布上谕，公布“宣统五年，实行开设议院”。“九年立宪”改为“五年立宪”，并且“一经宣布，万不能再议更张”，如果再有“无知愚氓，借词煽惑，或希图破坏，或逾越范围”，必当“按法惩办”。

咨议局代表、各省请愿代表们、社会各界期待关注“宪政”的人们无不失望至极。短暂的沉默之后，各省咨议局联合会再次发起针对朝廷的请愿活动，咨议局和各省督抚的陈情书摆在摄政王面前。11 月 3 日，御前会议，载泽、善耆、毓朗再次极力主张先行成立内阁，围绕着具体权力的划分，当然免不了争吵和推诿。

1911 年，一个注定更加不安静的一年。

1911 年 5 月 8 日，清政府终于颁布《内阁官制》《内阁办事暂行章程》。同一天，宣布了内阁成员组成。

内阁总理大臣：庆亲王奕劻

协理大臣：那桐、徐世昌

外务部外务大臣：梁敦彦

民政部民政大臣：肃亲王善耆

度支部度支大臣：镇国公载泽

学部学务大臣：唐景崇

陆军部陆军大臣：荫昌

海军部海军大臣：贝勒载洵

法部司法大臣：绍昌

农工商部农工商大臣：贝子加贝勒衔溥伦

邮传部邮传大臣：盛宣怀

理藩部理藩大臣：宗室寿耆

在新内阁总理、协理大臣和各部尚书 13 人中，满族 9 人，汉族 4 人，而 9 名满人中皇族又占 7 人，这个内阁被称为“皇族内阁”。

清政府的军政大权都落到皇族手中，用一个徒有虚名的内阁来应付热切期待实行西方宪政的立宪党人的政治追求，朝廷的愚顽和拙劣昭然若揭。多日的苦苦抗争换来这样的结果，各省咨议局的议长们终于在皇族内阁的现实面前彻底绝望。此时，距离王朝命运终结还有 5 个月，执迷不悟的清王朝真正进入了最后的时日。

黄花岗起义
——英雄地下长无语

汝幸而偶我，又何不幸而生今日之中国！吾幸而得汝，又何不幸而生今日之中国，卒不忍独善其身！

——林觉民《与妻书》

当各省咨议局为了在国内实现立宪政治奔走呼号、泣血抗争的时候，另一派不容忽视的政治势力也没有停下脚步。中国同盟会成立以后，革命党人积极联络会党、新军，多次发动武装起义。虽然均告失败，但反清思想深入人心，为更大规模的革命奠定了基础。

1910年底，孙中山与同盟会其他负责人黄兴、赵声、胡汉民、邓泽如以及几位华侨领袖在马来亚槟榔屿召开会议。会议决定集中全党财力人力，全力以赴，在广州发动一次大规模的武装起义。首先是筹集巨款来购买武器，再从各地召集500名同志组成起义敢死队。

1911年初，黄兴、赵声在香港建立基地，筹备起义。许多留学日本的革命党人和南洋华侨纷纷来到香港，准备参加反清起义。

黄兴和赵声是这次起义的主要领导人。在一次起义碰头会上，黄兴向大家说明了这次到香港的目的："我们要发动大规模起义，占领广州，然后北上，经过湖南、湖北和江西直捣北京，一举推翻满清统治。"与会人员一致同意，确定起义的领导机关是统筹部，黄兴为部长，赵声为副部长。

起义在紧锣密鼓地准备，广州成为起义的核心。

革命党人在日本和安南购买了大批武器，先运到香港，再转运广州。广州城内设立了几十个机关，储备枪支弹药、隐藏革命党人。几个月的紧张筹划之后，准备工作大体就绪。4月8日，黄兴在香港召集会议，预定在13日举行起义。

可是，就在这一天发生了一件意外的事。一部分革命党人为了减少起义的阻力，没有和黄兴等领导人取得联系，就决定暗杀水师提督李准。从马来亚回国来参加起义的温生才自告奋勇地去干这件事。这天，李准、孚奇等到东郊观看冯如的飞行表演，温生才就躲在东门外的茶馆里。他看见一顶八人抬的绿呢大轿从茶馆门前经过，眼睛都瞪圆了，立即冲过去，抓住轿子，就是三枪，轿中人应声倒下，鲜血顺着轿子流了出来。他没有想到轿中坐的却是孚奇。

事发后，温生才逃避不及被巡警抓住后杀害，孚奇受伤而死。这一事件引起清政府的高度戒备，广州城内立即戒严，到处搜捕革命党人，并派出很多密探，侦察革命党人的活动。黄兴得到这个消息，只好决定把起义日期改在4月26日，起义总指挥部设在两广总督附近，可是起义计划又被泄露。黄兴只好把起义时间又改在27日下午5点30分。

按照先前的约定，起义时会有800名敢死队作为战斗的主力，冲锋在前。清政府在城内到处戒严，800名敢死队员在约定时间只到了100多名。许多人主张再将起义推迟，但黄兴感到这样会夜长梦多，不利于革命形势的发展，没有同意这个建议。

4月27日下午4点，黄兴在指挥部集合了60多名敢死队员，不善言谈的他向大家作了慷慨激昂的演讲："满清政府丧权辱国，腐败透顶，我们要为推翻满清、建立民国而献身！"他让大家左臂缠上白布，持好枪械，准备进行最后的决战。

5点30分，黄兴率领这支队伍直奔两广总署。他手持双枪始终冲在队伍的最前面。敢死队队员们，个个冲锋陷阵。

革命党人、素有"炸弹大王"之称的喻培伦率领一路敢死队，炸破总署后墙，攻入衙门，再攻督练公所。他胸前挂着满满的一筐炸弹，一边往前冲，一边投炸弹，所过之处，清军即倒下一片。最后，他弹尽力竭，被敌人俘虏。另一个革命党人林觉民事前给自己的妻子写下了一篇感人至深、传诵千古的绝命书：

1911 年黄花岗起义前夕革命志士

黄花岗七十二烈士之林觉民

吾遇汝以来，常愿天下有情人都成眷属，然遍地腥云，满街狼犬，称心快意，几家能够？司马青衫，吾不能学太上之忘情也。语云：仁者“老吾老以及人之老，幼吾幼以及人之幼”。吾充吾爱汝之心，助天下人爱其所爱，所以敢先汝而死，不顾汝也。汝体吾此心，于啼泣之余，亦以天下人为念，当亦乐牺牲吾身与吾之福利，为天下人谋永福也。

随后，林觉民毅然投入到起义当中。起义中，他奋勇当先，先和数名志士攻入衙门，后又冲出与清巡防营激战，不幸受伤被捕。

两广总督张鸣岐听到枪声后，立即翻墙逃走。黄兴判断张鸣岐肯定会反扑而来，就放火烧了衙门，率队伍冲出。但是，在大街上，他们遇到了清政府的大队人马。闽籍革命党人林时爽误以为清军中有革命党，便挺身向前，对他们晓以大义，话未说完就中弹牺牲。黄兴也被打伤，他忍着伤痛，指挥队伍撤退。在撤退途中又遇到一队巡防营，起义军无法判断这支队伍是否为策反起义的新军，不敢轻易开枪，结果又让对方先行下手。起义军经过枪战只剩下 10 多人，黄兴仍怀疑这是一场误会，就埋伏进一家书店。当他听到外边士兵的谈话，才断定这支部队不是自己人，顿时怒火中烧，从店内举枪射击，一下击毙了 10 多个清军士兵。随后，在书店司理敦秀文的帮助下，黄兴逃过了清兵的追杀。

张鸣岐逃出总署后，转入水师行台，立即同水师提督李准一道部署兵力，包围革命党人。在强敌的狙击下，革命党人躲进一家粮店，垒起米袋当工事，一直战斗到第二天早晨，打死很多清军。清军无计可施，张鸣岐只好命令放火烧街。火烧到粮店的时候，革命党人已经弹尽力竭，就从后墙跳火突围。突围中有的中弹阵亡，有的被打伤烧死，也有的不幸被俘。

赵声、胡汉民率领的队伍在 28 日清晨到达广州，这时起义已经失败。赵声见到黄兴，两人抱头痛哭。当晚赵声突然发病，回到香港，不久便去世了。

林觉民被俘，张鸣岐、李准亲自审讯。林觉民侃侃而谈，痛斥腐朽的清政府，宣传革命大义。在囚禁的几天里，他绝食绝饮，视死如归，就义时只有 25 岁。其他被捕的革命党人，或者在公堂上谈笑自如、鼓吹革命，令问官惊叹；或者干脆一言不发，只求速死。

在这次起义中，100 多名革命党人死难，事后由积善堂收殓烈士遗体 72 具，合葬在广州城郊的黄花岗，这就是“黄花岗七十二烈士”，这次起义也被称为“黄花岗起义”。

黄兴曾写下《蝶恋花·辛亥秋哭黄花岗诸烈士》

转眼黄花看发处。为嘱西风，暂把香笼住。待酿满枝清艳露，和香吹上无情墓。　　回首羊城三月暮。血肉纷飞，气直吞狂虏。事败垂成原鼠子，英雄地下长无语。

后来，孙中山在广州黄花岗烈士墓前亲笔题写“浩气长存”四个大字，以昭示后人。

黄花岗起义的失败，使同盟会失去了许多优秀的革命党人，领导力量大为削弱。但这次起义使清朝统治受到一次沉重的打击，清政府惊呼：“倘不严加防缉，诚恐酿成大变，不可收拾。”黄花岗起义为武昌起义的胜利和各省的响应准备了良好的条件，加速了革命的进程。

四川保路运动
——为“路权国有”而抗争

惟有民魂是值得宝贵的，惟有他发扬起来，中国才有真进步。

——鲁迅

铁路本属于西方人的专利，1825 年 9 月 27 日，世界上第一条现代意义的铁路在英国的斯托克顿和达灵顿之间开通，几十年后，从印度来到中国的一个叫史蒂文森的人极力推荐在上海修筑一条铁路，这个动议没有得到上海方面的批准，但第二年，在北京宣武门外的一块平地上，却出现了一条一里多长的铁路，人们对此惊讶不已，这个轰鸣作响风驰电掣般的没有驴马拉着的庞然大物在这条路上怎么就能跑起来呢？帝国的臣民们都不理解，把这段铁路视为“怪异”，它最后的命运是被拆毁了。10 年之后，英国人在上海开办的怡和洋行在上海道的默许下，开始修筑一条长 30 里的铁路，1876 年 10 月通车，第二年，因为撞死一名士兵，在“汹汹民情”中，南洋大臣沈葆桢严令淞沪铁路停驶。最后，清王朝以 24.5 万两白银购回，铁路最终被拆毁。

作为现代文明之一的铁路，是建还是不建？愚昧的帝国臣民们为此付出了代价。1880 年，福建巡抚丁日昌、直隶总督李鸿章、前直隶提督刘铭传向朝廷建议，修建铁路既有利于商务，也利于用兵，朝廷要员们又讨论了整整八年，最后在洋务派李鸿章、张之洞等人的力争下，才有了一个明确的结果：朝廷下诏，“筑路之议遂定”。

朝廷恩准可以修铁路，却没有金钱和能力来建造自己的铁路，倒是一些西方财团早就盯住了中国铁路这块肥肉，于是把大量资金投入到中国铁路的建造上，同时也把中国的路权牢牢攥在自己手上。由此延伸，中国在税收等问题上也不得不受到外国资本的牵制。

据统计，从 1896 年到 1904 年间，西方列强在中国境内控制的铁路已经达到 4000 多公里。铁路带来的利益已经显而易见，一些士绅们开始在民众中宣传收回路权，并且得到了响应。

从 1903 年开始，中国民众开始了旨在收回已经丧失的铁路利权的“商办铁路”运动。

在舆论的压力下，清政府在 1910 年初同意让商民招集股份，自办川汉、粤汉铁路。

湖南、湖北、四川、广东四省人民欢欣鼓舞，相继成立了商办铁路公司，筹集到白银 4000 多万两。这些资金的来源主要有三个途径：一是商人的投资，叫“商股”；二是用各种捐税征集而来，叫“民股”；三是按土地田亩征集的，称为“租股”。这样就使得川汉、粤汉铁路的修筑，成为牵动各阶层民众的事情。

人民群众掏出自己的血汗钱投入商办铁路公司，主要是向外国列强争夺路权，这是一种爱国行动。但商办铁路公司被政府的一些官吏士绅控制，他们任意挥霍侵吞，铁路修筑工程还没有多大的进展，经费已经耗费了大半，这激起群众的极大不满，但是群众更痛恨把路权出卖给外国列强。

到了 1911 年 5 月，形势急转直下。

1911 年 5 月 9 日，也就是“皇族内阁”宣告成立的第二天，由盛宣怀主持的朝廷邮传部，以上谕的形式推出了所谓“新内阁的第一政策”，及“铁道干路国有”，明示“干路均归国有，定为政策”。清王朝的财政收入已经捉襟见肘，实行铁路国有，需有财政支持，这笔巨款怎么解决？盛宣怀、载泽向英、德、法、美四国借款。

与此同时，朝廷又派人强行接收湖北、湖南、广东、四川四省的商办铁路公司。

在短短的几天时间内，借款协议便达成。18 日，朝廷由端方出面，与英、德、法、美四国银行签订了《湖北湖南两省境内粤汉铁路、湖北省境内川汉铁路借款合同》，贷款总额 600 万英镑，年息五厘，以两湖厘金盐税做担保。修建铁路的工程师由英、美、德国人担任，最让人气愤的是两条铁路的修筑权和继续投资的优先权都归四国所有。此前，满族权臣端方已被任命为督办粤汉、川汉铁路大臣。

借款消息一经传出，立即遭到湖南、湖北、四川、广东四省人民的反对。各阶层人士，包括立宪派在内，都万分愤慨，四个省份同时掀起了声势浩大的保路运动。这场保路运动，也最终导致了辛亥革命的发生。

首先起来反抗的是湖南人民。5 月 14 日，长沙各界群众万余人集会，大会一致主张坚持“完全商办”，强烈要求清朝收回成命。长沙、株洲一带万余筑路工人也进城举行示威，迫使湖南巡抚杨文鼎奏请清廷收回成命。在上奏遭到申斥之后，群情更加激愤。6 月中旬，咨议局议员纷纷辞职，长沙各学堂相继罢课抗议，局势越来越紧张。杨文鼎唯恐事变，下令出动巡防队、军警，四处巡逻，又明令禁止开会，取缔印刷店、检查信邮。然而高压政策并不能平息人民的反抗斗争。至 9 月中旬，在四川保路风潮的鼓舞下，湖南各界又奋起抗争，罢市停课，抗粮拒捐。

继湖南之后，湖北接着响应。学生千余人也集会抗议，并当场派一名叫张伯烈的湖北籍留学生回国，在家乡推动保路运动的进行。湖北各界联合组成了湖北铁路协会，推举张伯烈等人为代表，进京请愿。他们和邮传部尚书徐世昌进行说理斗争，在邮传部大门口静坐绝食，长达 7 个昼夜。留日学生江元吉割肉血书：“流血争路，路亡流血，路有国存，存路救国。”张伯烈等人的爱国举动，获得了全国人民的支持，很多人都加入到保路运动中来。

湖北咨议局召开了有数千人参加的大会，反对铁路国有政策。与会者慷慨陈词，纷纷诉说路权丧失的利害关系。接着，武汉商人团体联合会也集会反对借款，力争商办。湖北境内的数万名川汉铁路工人也群起响应保路斗争，支持商股的抗争，并打死前来镇压的20余名清兵，演变成为用暴力行动反抗清政府的激进行动。

广东市民痛斥朝廷出卖路权，用拒绝使用官发纸币的方式抗议朝廷的行为。商民纷纷持币领银，挤兑风潮“牵动省垣市面”。广东的保路运动还获得了爱国侨胞的热情支持。

四川保路运动声势浩大，斗争最为激烈。

1911年5月18日，长沙民众集会的两天后，川省铁路公司紧急召开第一次股东大会。会议主席是进士出身的翰林院编修颜凯，巡警们在会议四周巡视，表情平静地履行职责。颜凯压抑着极度不满的情绪，以尽量平和的语气做了开场演讲。沉闷的会场中，突然有人一声长叹，“四川亡矣！”接着便是痛哭之声，转瞬间，哭声相和，监督会场的8名警员也丢弃警棍，伏案而泣。

这样恸哭不是办法，绅商们想到还是请示朝廷吧，参加会议的绅董绅商们向五里之外的督署步行请愿。这其中的知名人士有伍肇龄、罗纶、刘声元、施汝谦、邓孝可等。

四川总督王人文早已得到消息，当他见到陈情的绅商们，没有任何犹豫，当即给予明确的答复：

> 总督职在为民，民有隐情，总督职当代请，请不得，去官，吾职也，亦吾乐也。

王人文很快将四川绅商的奏文呈递给朝廷，奏文只是委婉地提出，川路租股涉及全省百姓的利益，不宜操之过急。王人文本人也向朝廷建议，“铁路国有，川民请暂缓接收”。对于四川士绅和四川总督的奏请，邮传部大臣盛宣怀和督办铁路大臣端方代表朝廷予以严厉指斥，四川绅商多次向朝廷提出意见，剖心剖肺地恳请朝廷顾念当前形势，暂缓实行“铁路国有”。

整个事件中，四川总督王人文都与绅商密切沟通，对朝廷更是忠心可鉴，遗憾的是，王人文的好心，无法打动邮传部大臣盛宣怀，反而促使盛宣怀和端方打定主意搬掉王人文，换个听话的四川总督。

很快，盛宣怀拿出一份“收回干路详细办法”，对于绅商士民原来持有的铁路股票规定了三项措施：对于粤路、湘路、川汉彩票股除了付给部分现金外，其余一律为无息股票。邮传部的三项办法彻底激怒了全体股民。6 月 15 日，王人文向朝廷发了一封电文，告知“群情异常惶惑”。一天以后，形势惊人逆转。17日，成都各社会团体和川汉铁路股东2000余人，举行大会，四川咨议局副局长罗纶发表演讲：

各位股东，我们四川的父老叔伯们！我们四川人的生命财产——被盛宣怀给我们卖了！卖给外国人去了！

随后是一片号啕大哭。人人高喊着"反对卖国奴盛宣怀！""反对外国机关邮传部！"这口号很快传遍成都城。报纸上，讨伐揭露盛宣怀和邮传部的文章铺天盖地。6月13日，盛宣怀与四国银行团签订的借款合同确切消息传到四川以后，心怀不满的四川绅商彻底被激怒了。

著名立宪派人士、《蜀报》主编邓孝可发表文章说：

既夺我路，又夺我款，又不为我造路。天乎！此而欲川人忍受，除吾川一万万人死尽，妇孺尽绝，鸡犬无存或可耳！否则胡能忍者，有生物以来无此情，有世界以来无此理，有日月以来无此黑暗，有人类以来无此野蛮，而今乃有盛宣怀如此野蛮以压迫我四川之人……

6月17日，四川保路同志会成立。数日之间，入会者已经超过10万人。三天后，王人文向北京发出了弹劾盛宣怀的奏疏。很快，王人文被革职拿问，到西安后，还没来得及押送北京，武昌起义胜利了，陕西新军救下了王人文。

王人文被革职，驻藏大臣赵尔丰调任四川总督。

保路同志会一面发动民众，一面派刘声元等人赴京联络四川京官与邮传部交涉。留日学生纷纷抗议，上书朝廷，指斥盛宣怀“蔽上罔下”，为虎作伥，表达“路存与存，路亡与亡”的决心。湖北京官、广东京官也纷纷上书朝廷，联名弹劾盛宣怀。

8 月 24 日，四川保路运动已经辐射到邻近各省，并有蔓延全国之势。盛宣怀已经成为举国公认的卖国奴，成为众矢之的。

8 月 25 日，成都人民举行罢市，规模浩大，新任四川总督赵尔丰对于四川的保路运动持比较平和的态度，一面劝慰民众绅商，一面向盛宣怀呈文商议解决办法。然而此时激烈的罢市、罢课运动让赵尔丰失去了平和。第一时间，他派出府署官员亲自到街上召集商民，劝谕开市，但商民“一哄而散”。赵尔丰无奈，只得向清廷报告求援。成都罢市，各县留省人员即“雇快马，捷足赴告埠”。四川全省纷起响应。

9 月 1 日，川汉铁路在成都召开股东会议，通过了不纳粮、不捐税、不卖田房等决定，并通电全国，倡议共同行动，本来已经危机四伏的清政府更加惶恐不安，并迁怒于赵尔丰，要求赵尔丰对于罢市、罢课、抗粮抗税者实行“严厉弹压”“毋任嚣张”，赵尔丰深感进退失据。此时，满族贵族公子端方却把目光盯在了四川总督这个封疆大吏的位置上，为了夺得这个位置，他致电盛宣怀，指斥四川今日形势，是赵尔丰怂恿的结果，要求朝廷派大员入川查办。8 月 29 日，朝廷命令端方以督办川汉铁路大臣身份迅速从武昌赶赴成都，解决四川危机。

赵尔丰得知端方和盛宣怀已经联手对付自己，便失去理智，决定以武力迅速解决问题，以保住自己封疆大吏的位置。

9 月 6 日，在四川铁路股东代表大会上，有人散发了《川人自保商権书》。《商権书》明白地申言要“竭尽赤诚，协助政府”，“奠皇基于万世之安”。本来是向皇帝和政府表忠心的，字里行间透露着浓厚的君主立宪色彩，但总督赵尔丰已经顾不得这些了，他指称《商権书》图谋造反，一天比一天严重了，必须得镇压了。

9 月 7 日，官绅们到布政使衙门会谈，赵尔丰指使人将这些人诱骗到督署，保路同志会、咨议局和铁路公司首领蒲殿俊、罗纶、邓孝可、颜楷、张澜等人遭到逮捕，随即作为保路运动领导机构的同志会和铁路公司也遭到查封。

赵尔丰逮捕蒲殿俊、罗纶等人的消息一经传出，立即在成都全城造成极大震动。“人心大愤，鬼哭神嚎。各街坊传告：各铺家坐户，勿论老幼男女各出一人”，前去请愿。成千的人立即奔向总督衙门，要求释放蒲殿俊、罗纶。请愿群众把自家门口的光绪牌位揭下来捧在手里，或顶在头上，有的还手举着一炷香，表示和平请愿。人群像潮水一样地涌向督署。

坐立不安的赵尔丰终于下定决心，向统领田徵葵下令，立即驱散“乱民”。于是，当人们呼喊着提出质问和要求放人的时候，忽然枪声四起，埋伏在四周的兵警开枪向群众扫射，子弹纷飞，同时，附近街上的卫兵也开枪，顿时辕门内外，场面极其混乱，可怜一些手无寸铁的人们，瞬间倒在血泊中，满街都是丢下的光绪牌位，断碎的线香和挣脱的鞋子，督署的马队来回驰逐，纷乱的人们又被踏伤无数，当场被打死的有50多人，伤者无法统计。死难者中有机匠、摊贩、学徒、医生、学生、店员、手工业者，都是社会底层人员，却被赵尔丰冠以“匪徒乱党”的恶名。

当屠杀进行时，赵尔丰下令关闭城门，又指使警务公所提调在靠近督署的联什巷放火，以制造、诬陷群众暴动的口实，掩盖其杀人罪行。当日，赵尔丰又下令封闭省城内外各印刷所，继续逮捕学生，强迫商人开市。是日，大雨如注，督署门前街巷血水横流，惨不忍睹。这就是震惊中外的成都血案。

成都血案发生后，赵尔丰立即电奏朝廷，诬陷川人气焰嚣张，图谋独立，电请朝廷派兵入川。

同盟会会员龙鸣剑为了及时向全川人民揭露成都血案的事件真相，号召人民起义，裁制数百块木片，上书成都血案事实，然后涂以桐油，制成“水电报”置入锦江。时逢江水上涨，“水电报”不到一日就几乎传遍了四川西南。民众极度愤怒。龙鸣剑、王天杰等乘机组织同志军在各县发动武装起义。成都附近州县保路同志军闻讯，立即起事，将各处电线尽行捣毁，沿途设卡，断绝官府来往文书。旬日间，各路起义军遍布成都附近10余州县，共约20万人，将成都包围。清政府调集云南、贵州、湖南、湖北、陕西等省的军队进行镇压。撤围成都后，同志军转而攻打各州县。龙鸣剑、王天杰等率众与清军激战，于9月25日宣布荣县独立，远近震动。彭山、眉州、青神等县相继响应。成都附近的温江、崇庆、郫县、简阳、金常和川西的荥经、天全、芦山等县的同志军亦同时并起。川南的嘉定、夹江、叙州等地的同志军会师于犍为，又在下渡口磨子场大败清军；川东北的同志军在李绍伊等领导下，以大竹、渠县为中心，攻占邻水、垫江、达县等地，还配合广安义军向川北的南充、岳池等县发展；川东巫山一带铁路工人举行暴动；川北的江油、绵州等地人民展开武装斗争。全省人民的反清大起义，把保路运动推向高潮。

清政府也从各方面得到一些信息，对赵尔丰、端方都不再信任。9月15日，清廷任命两广总督岑春煊为四川总督，赴四川协同赵尔丰办理剿抚事宜。岑春煊接到四川商会的电文，得知赵尔丰一手制造成都血案，并蒙蔽朝廷，为自己开脱的事实。

真相大白于天下，赵尔丰只得设法阻止岑春煊赴川，电告朝廷，四川危机已经化解，市面已恢复正常。岑春煊最终没有到四川，因为他要求还川民路股，不惩办此次运动的首要人物等，朝廷和邮传部当然不予认可。岑春煊便在武昌向朝廷发出辞呈。

10月10日，武昌起义爆发。

10月18日，四川保路同志会发出了声讨赵尔丰的檄文。11月，清朝大理院正式提请，将赵尔丰解京审讯。12月22日，赵尔丰被成都军政府捕杀。

成都血案发生后，端方奉命入川，11 月 28 日，在四川资州地界，被新军所杀。

11 月，辛亥革命发生一个月后，资政院指控盛宣怀在推行铁路国有化政策方面，“专愎擅权隔绝上下之情”，而导致四川骚乱，连锁引发武昌的“革党叛军乘机窃发”，“该大臣实为误国首恶”。清政府宣布，盛宣怀“即行革职，永不叙用”。

四川的保路运动发展到大规模的武装起义，对全国的震动是巨大的，国内本已十分紧张的政治空气，陡然地更加紧张起来。两湖地区的争路运动本已表现得十分激烈，他们一直密切注视着四川保路运动的发展。清政府从湖北抽调新军入川，导致湖北兵力空虚，从一定程度上促进了武昌起义的爆发。

武昌起义
——与其坐以待毙，不如死里求生

我中国今日欲脱满洲人之羁缚，不可不革命；我中国欲独立，不可不革命；我中国欲与世界列强并雄，不可不革命。

——邹容《革命军》

当四川保路运动发生的时候，人们有理由相信，统治了中国长达两百多年的清王朝真的已到了日薄西山的境地。统治者更加荒淫腐朽，民族灾难日趋深重，社会动荡，民不聊生，武装起义此起彼伏。各种迹象表明，专制的清王朝已经走到了尽头。

清王朝的丧钟首先在黄鹤楼畔敲响。

1911 年是中国农历辛亥年，这一年，在中国，由上海沿江而上，有两个尽人皆知的大省：湖北和四川。这是当时革命洪流的中心。

1911 年 9 月，和湖北相邻的四川保路运动进入高潮。四川总督赵尔丰诱捕保路同志会的领导人，并下令对请愿群众进行疯狂屠杀。各地保路同志军纷纷开赴成都城下，保路运动发展为武装起义。消息传到北京，清政府摄政王载沣吓得六神无主，急忙从湖北调一部分新军赴四川镇压起义。这给革命党人在湖北发动起义提供了极好的机会。湖北地区的革命党人决定发动起义。

湖北的革命斗争，是在一个叫“文学社”的组织的领导下发动的。

1911 年春节，公历 1 月 30 日，在武昌，来自武汉三镇清朝新军的军人们聚在了一起，并在这里成立了一个具有历史意义的团体——文学社。这是一个与军人身份不太协调的团体，团体的骨干有三个人：

蒋翊武（1884—1913），湖北新军第二十一混成协第四十一标第三营左队士兵。来自湖南农村，外表木讷，不善言辞，但厚道持重，深得士兵信任，被誉为武昌起义“三武”之首，人们对他的评价是：“三武比起来，孙武不如振武，振武不如翊武。”他是这次聚会的组织者，辛亥革命前夕，他是文学社的会长，是辛亥革命的领导者和组织者之一，可惜在 1913 年在广西从事反袁活动时，被广西军阀杀害。

刘复基（1884—1911），湖南常德人。1901 年结识宋教仁，成为莫逆之交。1904 年加入华兴会，随即参与发动长沙起义，失败后，于次年流亡日本，加入同盟会。1906 年回国，以报纸为阵地，宣传革命思想。为加强革命党人的武装力量，于1910年加入湖北新军，在新军第四十一标第三营当兵。刘复基看似文弱，但是活动能力极强，有“小诸葛”之称，是文学社评议部部长。

王宪章（1888—1914），来自贵州，苗族青年。读过新式学堂，受到新思想的影响，书读得也很好，1905年被保送省城贵州师范学堂，到新军营当兵，不久又进入警察学堂，毕业后当过贵阳警察巡长。听说湖北新军革命党很活跃，就毅然投身湖北新军，是名副其实的文化人，也有见识。他很聪明，深得士兵爱戴，也很受上司赏识，是文学社副社长。武昌起义发生的时候，他指挥了汉阳方面的起义。1914年在讨袁战争中被冯国璋的特务诱捕，在南京牺牲。

文学社成立后，以机关报《大江报》为阵地，积极从事革命宣传，在新军普通士兵和学堂学生中发展会员，同时与共进会和其他革命团体联合，壮大力量。刚好文学会成立这一年，风云际会，辛亥革命就在这里发生了。

革命党人约定的秘密起义的日子是10月16日，这一天是中秋节。谁知，两起意外事件改变了最初的计划。

9月24日，南湖炮队炮标第三营士兵梅青福、江锡久请假离营，炮队的革命党人孟发臣等设酒宴为兄弟们饯行。

酒过三巡，大家的兴致也都上来了，猜拳行令，大声喧嚷，好不痛快。正在大家兴高采烈之际，军官宁鸿钧闻声前来，呵斥酒桌上的士兵们。孟发臣等人正在兴头上，哪容得了有人扫他们的兴，立时火冒三丈，跟他争吵起来。宁鸿钧万万没有想到，自己是军官，士兵们竟胆敢顶撞自己，气得一脚踹翻了桌子，酒菜摔得满地。宁鸿钧还不解气，又跑到营长那里去告状，说士兵们借酒闹事，营长杨齐风也不管三七二十一，就命人把孟发臣等人打了几十军棍。

看到自己的弟兄被打得皮开肉绽，霍殿臣、赵楚屏等士兵压抑不住内心的怒火，转身跑进军火库，拖出几门大炮就往军官宿舍轰击。没想到射出去的都是演习用的假弹头，落地后根本不爆炸。几个士兵又跑回军火库去取真炮弹，此时，军火库已经上了大锁。就在他们拼命砸锁之时，统制张彪已得报，他立即命令标统喻化龙带兵镇压，又派人追捕已逃走的霍殿臣、赵楚屏等人。

南湖炮队事件吓坏了湖广总督瑞澂，他害怕新军会闹出大事，下令收缴新军士兵携带的子弹，全城戒严，封锁长江。武汉城一时之间，风声鹤唳，草木皆兵。

为了按时发动起义，革命党人加紧印文告，写照会，造炸弹。不料，这时，又发生了宝善里事件。

10 月 9 日中午，在俄租界的宝善里革命党人总机关，孙武等人秘密制造炸药。当时，孙武临窗而坐，用洗脸盆检验炸药。革命党人丁光中、李作栋在一张小圆桌上加盖钞票印章，王伯雨在清理文件。这时，刘公的弟弟刘同到机关总部来找孙武。

刘同站在孙武旁边，叼着香烟，一边和他谈事，一边看他拌火药、填炸弹。刘同一时没注意，烟灰落在炸药盆里，呼哧一声响，炸药浓烟突起，孙武的脸和手立时血肉模糊。在场的同志急忙把他送去医院。

宝善里机关爆炸后，浓烟从窗户、屋顶冒出，邻居大呼救火，俄国领事、巡捕闻声而来，夺门而入。俄国巡捕赶到现场时，正赶上刘公出门，巡捕盘问刘公，刘公谎称煤油爆炸，随即避走。巡捕立即搜查，他们用斧头将柜子劈开，搜出了起义的旗帜、印信、文告，更为危险的是，起义骨干的名册也被搜了出来。俄国领事如获至宝，立即通告湖北当局。

此时，蒋翊武正和来自湖南常德的刘复基商议事情。

突然，有人跑了进来，报告宝善里爆炸事件。蒋翊武等人立即意识到了事态的严重。摆在革命党人面前的道路只有两条：要么坐而待毙，要么死里求生。

刘复基十分坚定地说："事已至此，正是我们和满清以死相拼的时候了。与其坐以待毙，不如死里求生，成败利钝，非所计也。"

蒋翊武也说："没有别的选择，必须向前冲，死中求生。"

所有在座的人都表示同意，大家决定立即派人与南湖炮队的革命党人联系，半夜十二点鸣炮为号，工程八营听到炮声就立即占领楚望台军械库，其他各路一齐响应。

当天夜里，在武昌小湖街总指挥部的楼上，蒋翊武、刘复基、彭楚藩等兴奋而焦急地等待着南湖的炮声。时针指向 11 点半了，彭楚藩手里拿着时钟高兴地说：“翊武，你快把攻守的地图、调查的册子，早些看熟，你该指挥全局了！”话音刚落，几个巡警突然破门而入，将里边的人围住。蒋翊武穿着破长衫，土里土气地，没人注意，趁乱逃走了。

12 点了。南湖的炮声仍没有传来。原来，邓玉麟在送命令的途中，受到军警的盘查，等到他千方百计赶到南湖炮队时，已经 12 点了。营门已关。邓玉麟是翻墙进去的。他找到革命党人徐万年，传达了 12 点鸣炮为号的决定。徐万年为难地说：“马上就到 12 点了，我们事先没有准备，哪还来得及按时鸣炮啊？再说，大家都已睡熟，把我们的人叫起来，不是自我暴露吗？”

10 月 9 日晚，南湖炮队的信号炮没有发出。起义计划流产了。

当晚，刘复基、彭楚藩、杨洪胜等一批革命党人被捕。

夜已深，月亮在长江上空的黑云中穿梭着。墙根的草丛中，蟋蟀叫个不停。督署警备森严，灯火通明。拖着长辫子的瑞澂，来回地踱着，心神不定。他既震惊又愤怒：竟有如此多的革命党人在密谋行动，而且又都是新军官兵。他们竟敢在老子脚下造反！他是大清的臣子，怎么能容忍？终于，他停下脚步，牙缝里挤出一个字：“杀！”

湖北督练总办铁忠、武昌知储陈树屏等奉命连夜审讯。10 月 10 日早晨，刘复基、彭楚藩、杨洪胜英勇就义。

武昌，一夜之间，各革命机关全被破获，数十革命党人披枷带锁，即将走上刑场。

武昌在飒飒秋风中颤抖。黑云压城城欲摧。

革命党人被抓的被抓，逃走的逃走，一时无人组织，发号施令。危急关头，湖北新军各营队的革命党人，自动承担责任，自谋起义。

10 月 10 日 10 点，工程第八营革命党总代表熊秉坤召集各队代表，对他们说："总督瑞澂、第八镇司令张彪认为我们八营的党人最多，决定今晚 11 点派兵包围我们，按名册捕杀党人。情况紧急，我们必须在晚上 11 点之前行动。我们只有以死相拼了。"

他接着说："我们只有先夺取军械库，其他参加起义的人才能拿到枪支弹药。我们不先起义，别的人也动不了。今天下午三点上操后立即行动，现在就派人和楚望台军械库的革命党人联系，要他们届时接应。"

谁知，营里突然接到通知，下午不上操，熊秉坤只好将起义时间改在晚上二道点名之前。

10 月 10 日晚 8 点左右，工程第八营笼罩在一片紧张气氛中。头道点名之后，后队二排排长陶启胜去该排二棚巡查，发现金兆龙正在擦枪，便厉声喝问："你为何晚上武装齐备，手擦步枪？"金兆龙回答："防备。"陶启胜大怒："你们想造反吗？"就上前扭住金兆龙，命令左右，"把他给我绑起来！"金兆龙一边拼命挣脱，一边大喊："同志们快动手啊，还等什么？"

清末湖北新军军官合影

士兵们立刻上前，一人用枪托猛击陶启胜的脑袋。陶启胜拼命往外跑，正赶上熊秉坤闻声前来，当即掏出手枪，将陶启胜击毙。

这时，军营内一片混乱。代理工程八营管带阮荣发和右队队官黄坤容等也闻声赶来，一面鸣枪，一面喊话："你们都是有家小的，父母都住在此地，这等事是做不得的，要诛灭九族的啊！""赶快觉醒，速回本标，本人决不追究以往，千万不要胡闹乱为。你们受到革命党人的欺骗，现在，革命党人都跑了，让你们去送死，你们愿意白白送命吗？"在场士兵程正瀛和徐少斌向阮、黄开枪，二人应声倒毙。其他官长见状不妙，纷纷逃散。

熊秉坤鸣笛集合，率队 40 多人出营，向楚望台军械库进发。

楚望台军械库离工程八营营地仅 1000 多米，当熊秉坤在营内开枪之时，楚望台守兵立刻响应，他们打开军械库，士兵们得到子弹后，向空中鸣放一排枪。士兵中的革命党人罗炳顺、马荣季出迎熊秉坤等人。8 点 20 分，熊秉坤以总代表兼大队长的名义发布命令："本军应冠以'革命军'三字，称湖北革命军"，"本军今夜作战以清督署为最大目标"，"因为参加革命的同志都知道，若攻不克督署都要杀头的，所以革命党人那时候只想要胜利"。

随后，新军各标营推举吴兆麟为临时总指挥，在吴、熊的领导下，兵分三路，进攻督署。

这天晚上，天下着大雨，漆黑一片，革命军的大炮难以瞄准攻击目标，清军趁黑夜反扑，两军形成对峙局面。

革命党人蔡济民等急中生智，用煤油将剩余衣物点燃，顿时一片火光照亮了督署，随之革命军的大炮一片轰鸣，所有重要目标均被击中。革命军生死相继，拼命向上冲，他们夺过敌人的机枪，掉转枪口，一阵扫射，敌人成片倒下。革命军乘胜占领了八镇司令部。

此时，坐镇督署的瑞澂就像热锅上的蚂蚁，急得团团转。突然，一颗炸弹在督署的院子里爆炸。“炸弹不长眼，落在头上可不得了啊！”瑞澂心惊肉跳。大势已去，他已经没有回天之力了。他命人把督署围墙打开一个洞口，趁月黑夜深，带着铁忠及家小仓皇爬了出去，登上了停在长江边的“楚豫”号兵舰。接着，张彪在骑兵的保护下也逃跑了。拂晓时分，革命军攻克督署。

一夜血战，革命军攻克武昌。

第二天，武昌已经变成别样的世界，一面红底的十八星大旗在黄鹤楼上飘扬，城里到处都是臂缠白巾的革命军。

11 日晚上和 12 日清晨，汉口、汉阳和新军先后举行起义，武汉三镇光复。

辛亥年武昌起义就这样取得了胜利。一位外国记者这样记述：“一场规模巨大的起义在湖北武昌市爆发，欧洲人还没有信息材料来判断这场起义的结果，起义的态势已经蔓延到整座城市。”

辛亥年武昌起义的炮声，如阵阵春雷，震醒了神州大地。在随后的不到两个月的时间里，内地 18 个省有 14 个省举起了义旗，宣告独立。革命的洪流席卷全国。延续了两千多年的君主专制制度行将灭亡，新的资产阶级共和国就要诞生了。

首义都督黎元洪
——历史这样选择了他

黎公道德，天下所信。然救国图存，断非如此道德所能有效。

——严复评价

武昌起义是在革命党人没有统一领导的形势下，自行联系，暗中串联，并很快取得胜利的。武昌起义爆发的时候，同盟会的领袖们都不在湖北。孙中山远在美国，黄兴在香港，宋教仁在上海，他们都无法立即赶赴武汉，直接领导起义的文学社和共进会的领导人中，孙武、刘公、蒋翊武等避居外地，未能及时联络。临时担任军事指挥官的吴兆麟在新军里只是一个队官，资历不足，而当时的形势又极其复杂。国内局势日趋复杂化，许多矛盾交织在一起。虽然起义胜利了，但清廷是全国最高统治者，虽然已是腐朽透顶，但力量不可小视，不过要想像过去那样维持统治也不大可能。从革命党这一方来说，虽然革命取得了胜利，也是人心所向，得到中外普遍同情，但在短期内推翻清廷，建立全国性的政权也不现实。那么，就需要一个合适的人物出面主持大局。

11日上午，武昌城里的战斗刚刚结束，通宵苦战的部队稍事休整，蔡济民、李翊东、张振武等人就聚集到咨议局，筹商组织军政府问题。他们找来立宪派、地方绅士和没逃走的汉族官吏，要他们都来开会，推举都督，成立军政府。有人提议，应当推举一个德高望重、全国知名的人物做都督，众人一致表示赞同。

咨议局议员刘赓藻说："二十一混成协协统黎元洪还在城中，如果大家认为他合适，我愿意带人把他找出来。"各派人士均表示同意，正在这时，黎元洪被革命士兵簇拥着，到了咨议局。

黎元洪，1864年生，湖北黄陂人。13岁时随当兵的父亲到直隶。19岁时，进入天津水师学堂，1883年毕业后，到北洋海军供职。1894年，30岁的黎元洪参加了著名的甲午海战。这场战役导致中国近代海军屈辱地全军覆没，黎元洪极为黯淡地结束了海军生涯。

甲午战争之后，黎元洪南下南京，投奔两江总督张之洞，受到张之洞的倚重，三度被派赴日本考察军事，眼界大开，统军思想臻于成熟。经过10年奋斗，终于由一个不知名的下级军官一跃而成为新军第二十一混成协协统。

清末，袁世凯搞的那次著名的"彰德秋操"，实际的指挥者就是黎元洪，这使得清政府开始对他刮目相看。

现在，黎元洪虽身为协统，军衔不高，但他的个人威望可不低。他不喜阿谀奉上，却对下级关爱有加。一位士兵的母亲在家砍柴时坠入山谷而亡，这个士兵听说了，神情恍惚，想要以身殉母。黎元洪亲赴该士兵班上慰问，从自己不多的工资中拿出一部分，让他回家安葬亡母，后来还把他送进了军校。

他的一个亲兵，暗中参加了革命党，黎元洪无意中看到黄兴给这个亲兵的来信，其中有不少隐语，黎元洪一看就猜出了大概，可是他也没去深究，反倒让这个亲兵以“养病”名义暂离岗位。

还有一次，他发现一个士兵擅自剪去了长辫子，他不但没有发怒，反而出人意料地说：“把猪尾巴给剪掉了，你这是在领导潮流啊！”

暗中联络革命党人，剪掉大清标志的长辫子，这可都不是小事，弄不好会招来杀身之祸。可是，在黎元洪这里，却被处理得波澜不惊。难怪黎元洪在湖北军界拥有良好的口碑。

可是，黎元洪自己是从没想过要革命的。武昌起义爆发的那个晚上，他坐镇军营，亲手杀死了两个革命士兵。后来，形势急转，他才换上便装，藏身在黄土坡一个军官的家里。

也是凑巧，黎元洪打发一个士兵给他取衣物，就让出来寻找他的马荣、程正瀛给发现了，一路跟将过去，将黎元洪从床底下给搜了出来。黎元洪见到首义的士兵，又看到住处都被革命军包围了，吓得浑身颤抖，连连说：“我黎某平时待你们不薄，你们为什么要与我为难？”

马荣回答：“我们并非谋害统领而来，是请统领出面主持大局的。”

黎元洪不相信，反问：“革命党人人才济济，又何必用黎某呢？”

马荣不耐烦地说：“统领非去不可。”说着掏出手枪逼着黎元洪，黎元洪只好硬着头皮跟着走。

黎元洪一脚刚迈进咨议局的大门，就听见有人喊：“黎都督到了！”接着便是一片掌声。黎元洪大惊失色，赶紧说：“不要害我，我不是革命党！”

黎元洪看见他的学生吴兆麟也在场，就说：“你为什么要革命，这是要杀全家的。你学问很好，资格很深，万不可与革命党共同革命。你若不革命，在军队会很快晋级。快叫大家各回各营。事情闹大了，可不得了。”

马荣大声骂道：“黎元洪，别太不识抬举了！昨晚你亲手杀了我们传信的同志，你再反对，我们就杀了你！”

吴兆麟见状，忙解释：“我们同志太心急了，请统领暂且容忍。”又说：“统领素爱军人，甚得军心，事已至此，实属天意，只好请统领出来维持大计。”

黎元洪面无表情，一言不发。

这时，有人送来一份事先写好的安民告示，让黎元洪签字。

黎元洪立时吓得魂不附体，手一个劲儿地哆嗦，嘴里叨咕着：“不要害我，不要害我！”怎么也不肯签字，李翊东一怒之下，拿枪对着黎元洪的脑袋，说：“你再不签字，我就毙了你！”黎元洪还是不肯签字，李翊东干脆一把夺过笔，签了一个“黎”字，说：“我替你签了，你还要否认吗？”

黎元洪就这样糊里糊涂地当上了武汉新政府的都督。

11 日下午，由黎元洪签的“中华民国军政府鄂军都督”的布告，贴满了武昌的大街小巷。

黎元洪既不是革命党人，对革命事业也没有信心，他上台后，终日一言不发，面无表情，对什么事都来个一问三不知，大家都叫他“黎菩萨”。他在组成督政府后就要求回家，后来又由家中转往他的混成协指挥部。革命军无奈，只好派了 12 名护卫随侍左右。另外，革命军又组织了一个谋略处，处理军政大事。

随着革命形势越来越好，黎元洪的态度才开始转变。在武昌起义后的第三天下午，即 1911 年 10 月 13 日晚上，在鄂军都督府召开的军事会议上，剪掉了长辫子的黎元洪宣布：“自此以后，我即为都督府之一人，不计成败利钝，与诸君共生死。”慷慨激昂之情无以言表，会场上发出一阵热烈的掌声。从此，黎元洪的名字便和中华民国风雷激荡的早期历史有了一种未可名状的联系。他曾三度出任副总统，两度出任大总统，成为民国早期上镜率最高的人物之一。

从此，黎元洪开始以开国元勋的身份，发号施令。

在当时特殊的处境中，革命党人选择了黎元洪。可是，革命党人一举足，就走错了第一步，为以后各省和全国革命政权的建立，开了一个妥协的先导。而对黎元洪个人来说，历史这样选择了他，是阴差阳错还是实属必然，恐怕他自己也未必能说得清。但毕竟，这一次黎元洪出山，对稳定当时革命形势起了重要作用。

袁世凯出山
——待价而沽与收拾残局

人才原有高下之分，起义断无先后之别。明公之才能，高出兴等万万，以拿破仑、华盛顿之资格，出而建拿破仑、华盛顿之事功……非但湘鄂人民戴明公为拿破仑、华盛顿，即南北各省当亦无有不拱手听命者。

——黄兴致袁世凯电文

1911 年 11 月 10 日，武昌打响了推翻清朝统治的第一枪，南方各省随即响应。一时间，大清王朝风雨飘摇。武昌起义一爆发，立刻成为人们关注的焦点。当时就有报纸指出：今日朝野上下，殆无不以全副精神注重于湖北乱事。上起朝廷要员封疆大吏，下至士绅百姓，街谈巷议，都围绕“武昌”这个话题。下一步该怎么走？革命党意见分歧，都想有个好结果，但需要时间去争取。对清廷来说，武昌起义的成功及其所带来的巨大影响是始料未及的，其震惊程度可以想象，但是也并非到了手足无措的地步。可以说，此时的清廷做了积极的应对。首先是革了湖广总督瑞澂的职，让他戴罪立功。接着开始军事部署。命令陆军大臣荫昌率第一、第二军赶赴湖北，第三军驻守京畿，萨镇冰率兵舰、程允和率水师一并援助。邮传部大臣盛宣怀也为军队给养和调度积极斡旋。可是300年来，养尊处优的八旗兵勇早已丧失了战斗力，精锐的北洋军此时全部掌握在袁世凯的旧部手里，清廷对这些部队很难灵活调动。载泽和奕劻就商量，还是请袁世凯出山比较好，毕竟是老臣了。他们劝说载沣，虽然载沣是一百个不愿意，可眼下这时局，国家出这么大的乱子，洋人还趁机鼓噪，不请袁世凯，还有谁能收拾这乱摊子呢？载沣只好“忍泪屈从”。被赶回老家的袁世凯出山，似乎就成了顺理成章的事。

袁世凯（1859—1916），字慰亭，亦作慰廷，尉亭，号容庵，出身于河南项城张营一个官宦大家族。他的父亲袁保中是地方豪绅，叔父袁保庆是举人，官至盐法道。袁世凯自幼过继给袁保庆，少年时随袁保庆先后到济南、南京等地读书。同治十二年（1873年），袁保庆死后，对袁世凯的教育责任转到袁保恒、袁保龄身上。这两个在京做官的叔叔对他的影响，较之生父和嗣父都更大。同治十三年（1874年）春，袁保恒已官至户部左侍郎，回籍探亲，把袁世凯带到北京，聘请名师教导。在内阁中书任上的袁保龄认为袁世凯天资不高，浮动异常，对他的督导尤为严厉。

光绪二年（1876 年）和光绪五年（1879 年）秋，袁世凯两次参加乡试都没考中。光绪四年（1878 年），袁保恒感染时疫去世，袁世凯返回项城。大约就在此时，袁家分家产，袁世凯于袁保庆名下，得到一份丰厚产业，自为一家之主，自此更加放荡不羁，经常追欢逐乐。

袁世凯两次考试不中，又有丰富的家产，对仕进也就没了兴趣，便决定弃文从武。光绪七年（1881 年）四月，前往山东登州，投奔袁保庆的结拜兄弟、淮军统领吴长庆。吴长庆将他留在营中读书。这时，袁世凯虽然年轻，但他很能谦抑自下，好常常做一番激昂慷慨的演讲。吴长庆认为他有才干，有见识，不久就提拔他为庆军营务处帮办。袁世凯由此从军旅走上了仕途。

光绪八年（1882 年）六月，朝鲜发生“壬午兵变”。当时，朝鲜和中国有宗藩关系，吴长庆、丁汝昌受命率海陆军赴朝，以阻止日本借机生事。

在朝鲜，袁世凯任 “前敌营务处”，负责军需供应、勘定行军路线等。船抵朝鲜马山浦，一营官说多数士兵晕船，请稍缓登陆，吴长庆立即将此人撤职，命袁世凯代理，袁世凯马上部署，两小时内完成了登陆行动。袁世凯完成任务干净利落，吴长庆当众大加夸奖。袁世凯率兵镇压了起义群众，杀数十人，受到朝鲜国王的礼遇，清政府也奖赏袁世凯以同知发分省补用，赏戴花翎。

光绪十年（1884 年），中法战争爆发，吴长庆奉命回国。袁世凯由直隶总督兼北洋大臣李鸿章奏举，任驻汉城清军“总理营务处，会办朝鲜防务”。这期间他得到了李鸿章的一再照顾和提拔。

光绪二十年（1894 年）7 月，中日甲午战争爆发前夕，袁世凯化装逃出汉城，回到天津。

战争爆发后，他被派往东北前线，协助前敌营务处，负责筹拨粮饷，联络各军。战争结束后，《马关条约》签订，李鸿章遭到全国各界一致痛骂，袁世凯也立即掉转方向，与荣禄、李鸿藻等人勾结，捞取个人资本。

光绪二十一年（1895 年）十月二十二日，袁世凯由荣禄、李鸿藻等奏派扩练驻天津小站的定武军十营，更名为“新建陆军”，袁世凯又添募 2000 余人，依照德国军队的编制，编成“新建陆军”，聘请德国军官进行训练。这期间，他引用和培植一批私人亲信，以加强对全军的控制。光绪二十三年（1897 年），因练兵有功，袁世凯升为直隶按察使，仍专管练兵事宜。

这时，袁世凯掌握着一支有 7000 人的新式部队。

小站练兵是清末新式军队发展的转折点，也奠定了袁世凯一生事业的基础。参加小站练兵的一些人后来大都成为清末民初的军政要人，如徐世昌、段祺瑞、冯国璋、王士珍、曹锟、张勋等。

这时，袁世凯声誉日隆，已经成为一支举足轻重的力量。

光绪二十一年（1895 年），维新变法运动如火如荼地展开，袁世凯参加了维新派组织的强学会，还捐了一大笔钱。这时，他是以支持变法的面目出现的。光绪二十四年（1898 年）七月，变法运动达到高潮，袁世凯派亲信徐世昌到北京与维新派联系。维新派自己手中没有武装，便建议年轻的光绪皇帝“抚袁以备不测”，光绪帝接受了这个主张，亲自召见握有重兵的袁世凯。袁世凯在皇帝面前痛哭流涕，表示要以死保卫皇帝的安全。皇帝非常高兴，特赏候补侍郎，专办练兵事务。

谁知，形势很快发生急剧变化，以慈禧太后为首的顽固势力与天津直隶总督荣禄等合谋部署政变。9 月 18 日晨，康有为、谭嗣同等接到光绪帝求救和催促康有为离京的密诏，当晚，谭嗣同密访袁世凯的住处法华寺，劝袁世凯拥护光绪帝，杀掉荣禄，废除旧党，助行新政。袁世凯一口答应，还慷慨激昂地说“诛荣禄如杀一狗耳”。

9 月 20 日，光绪帝再次召见了袁世凯，袁世凯毫不含糊地再次表了“忠心”。但当天晚上，袁世凯就赶回天津，向荣禄告密。荣禄连夜专车进京，飞奔颐和园，面告慈禧。

9 月 21 日凌晨，慈禧率大批随从，赶回皇宫，将光绪帝囚禁，捕杀谭嗣同等“六君子”。

戊戌变法失败，中国失去难得的一次变法自强的机会，袁世凯以此取得荣禄等的信任，从此进一步飞黄腾达。袁世凯的新建陆军随即改名为武卫右军，成为荣禄掌握的“武卫军”之一。不久，升工部侍郎，仍专管练兵。光绪二十六年（1900年），袁世凯升授山东巡抚，率领武卫右军赴任，他认定义和团为“左道邪教”，派兵到各州县残酷镇压。这时，他已经成为中外瞩目的实力人物。

光绪二十七年（1901年），李鸿章离世。袁世凯署理直隶总督，兼充北洋大臣，次年改为实授，袁世凯的权势更加显赫。

他开始编练北洋常备军，即北洋军，以刘永庆、段祺瑞、冯国璋分任总办。光绪二十九年（1903年）十一月，他建议清政府设立练兵处，编练新军，自己担任会办大臣，编成北洋军六镇，共6万余人。除第一镇是铁良统率的旗丁外，其余都是他自己的亲信，以袁世凯为首的北洋军阀集团基本形成。袁世凯就成了北洋军独一无二的人物。

1906年10月，南北新军举行秋操大演习，袁世凯和满族新贵铁良为阅兵大臣。据说，在秋操之后，慈禧太后和皇室大臣铁良有这么一段意味深长的对白：

慈禧太后：“听说此次秋操，北洋六镇操练得最好？”

铁良回答：“是，北洋六镇在各方面都胜出一筹。”

慈禧太后不无感慨：“看来，袁宫保确实是个人才呀！”

铁良答道：“是啊，就怕全国其他军队加在一起也不是北洋六镇的对手。”

清朝皇族开始猜忌他了。

1909年，光绪皇帝和慈禧太后相继死去。据说，隆裕皇后在整理亡夫光绪皇帝的遗物时，发现了一个遗墨，上书“诛杀袁世凯”。隆裕皇后看着这个从来不肯和自己亲近的亡夫的墨迹泪如泉涌，必欲杀袁世凯为夫报仇。摄政王载沣也想杀掉袁世凯，他认为留着这个汉族权臣早晚是个祸患。这时，军机大臣庆亲王奕劻问载沣：“杀袁世凯不难，不过，若北洋军造反怎么办？”载沣无言以对。另一位军机大臣张之洞也从旁说项，这才给袁世凯留了条命。载沣以宣统皇帝的名义下了一道圣旨：

夙承先朝屡加擢用，朕御极后，复欲懋赏，正以其才可用，俾效驰驱，不意袁世凯现患足疾，步履维艰，难胜职任，着即开缺回籍养疴，以示体恤之至意。

袁世凯就这样被解除了外务部尚书、军机大臣等职务，回家养病去了。

惊魂未定的袁世凯回到了河南。在彰德洹上村，袁世凯住进了“养寿园”，整天拄着拐杖在庄园里悠悠地散步，下棋谈天。有时接待一下宾客，听听河南坠子戏。有时还戴着斗笠，披着蓑衣在河边钓鱼，自称“洹上钓叟”，那副悠闲自得的样子，仿佛真的已置身世外。袁世凯让人把这副形象拍成照片，并将这帧如闲云野鹤般的照片寄往上海的报纸上刊发，以示自己无心于政治。

袁世凯还专门为这张照片题过两首诗。其一曰：

百年心事总悠悠，壮志当时苦未酬。

野老胸中负兵甲，钓翁眼底小王侯。

思量天下无磐石，叹息神州持缺瓯。

散发天涯从此去，烟蓑雨笠一渔舟。

出自一个武将之手，也算是一首难得的佳作了。可是，长期在风口浪尖上的袁世凯怎么会甘于这种平淡的生活呢？他还不到 50 岁，他隐约感到他还会创造另一个生命奇迹。

果然，回到老家还不到三年，形势骤变，武昌起义爆发，清王朝的统治摇摇欲坠。蜗居洹上村的袁世凯也蠢蠢欲动了。他感觉命运之神再次向他发出召唤，他决心要牢牢抓住这个机会。于是，他暗暗地在家里设立电报处，整天机声嗒嗒，与中外各方保持密切联系；还订阅各种报纸，观察时局动向，通过留在北洋军内的心腹，号称“北洋三杰”的冯国璋、段祺瑞、王士珍，他继续牢牢地控制着北洋军。北洋军除了他，谁也指挥不动。小小的洹上村，此时俨如一个小朝廷。

各方的目光都投向了袁世凯，真所谓天下归心啊。

武昌起义爆发后，影响着中国政府的外国势力把目光投向了袁世凯，东交民巷使馆内发出一片“非袁不能收拾”的呼声，并明确表示“大多数国家的代表均表示愿意看到袁氏出来掌权”。

湖北军政府竟然也把袁世凯当成推翻清廷的第一人选，军政府首脑黎元洪在给袁世凯的信中甚至说：

公果能归来乎？与吾徒共扶大义，将见四百兆之人，皆皈心于公，将来民国总统选举时，第一任中华共和大总统公固然不难从容猎取也。

在清廷内部，更把收拾残局的希望寄托在袁世凯身上。10月11日，皇族内阁召开会议，要求载沣起用袁世凯“统兵平乱”。第二天，奕劻、那桐、徐世昌再次联合催促载沣起用袁世凯。10月14日，载沣无奈，只好同意起用袁世凯为湖广总督，“督办剿抚事宜”。

机会就这样降临了。袁世凯瞅准了形势，他先是嫌这个官太小，权力也不大，对他的老主人毫不客气，以“足疾未愈”为托辞，不肯出山。随后，他又通过徐世昌向清廷提出六个条件作为“出山”的前提：

明年即开国会；

组织责任内阁；

宽容参与此次事变诸人；

解除党禁；

必须授予指挥水陆各军及关于军队编制的全权；

必须予以十分充足的军费。

这六项条件，对清政府来说，要价是太高了。载沣不肯答应。

就在这时，湖北革命党人乘胜进击，荫昌指挥的清军无所作为，湖南、陕西、江西等省又相继宣告独立。清政府见形势更加严峻，不得不再次向袁世凯让步。10 月 27 日，清廷将荫昌调回北京，任命袁世凯为钦差大臣，授予指挥水陆各军的全权。11 月 1 日，以奕劻为首的皇族内阁辞职，清廷任命袁世凯为内阁总理大臣，要他立即来京，组织责任内阁。

袁世凯终于不甘心做臣下了。他要在革命军和清王廷之间来一个“一箭双雕”，让自己的地位再上一个台阶。

10 月 30 日，袁世凯亲自南下督师。北洋军如潮水般扑向武汉。他先命令冯国璋指挥的北洋军猛攻汉口。11 月 1 日，北洋军攻占汉口后，把 30 里长街放火烧毁。不久，北洋军又攻占汉阳，在龟山架起大炮，轰击武昌。冯国璋占据汉口后，正想乘势渡江，袁世凯急忙亲自打长途电话命令冯国璋不许渡江打武昌。他想利用武昌的革命力量来威胁清政府向他让权，另一方面，又作为清王朝的保护人，不使清王朝过早垮台。通过这种南北对峙的局面，最后由他组建新的政权。袁世凯的目的达到了。

1911 年 11 月 13 日，北京某火车站，一辆火车缓缓驶进。月台上，站满了拖着大辫子的满清权贵。火车慢慢停了下来，曾经权倾一时的北洋大臣——袁世凯志得意满地走了出来。

当天，袁世凯就任内阁总理，他组织的现任内阁宣告成立，其中一些关键性的位置大多是由他的亲信充任，如陆军大臣王士珍、民政大臣赵秉钧、邮政大臣杨士琦等。值得注意的是，一些立宪派人物也在内阁成员之列，如张謇任农工商大臣、梁启超任司法部副大臣。

袁世凯的复出，在当时引起了极大的轰动，武昌起义爆发，清廷下谕，人们无不关心他的去就。各种政治势力对袁世凯也抱有不同的目的，不同的期待。

清廷朝野上下，都期待袁世凯能成为曾国藩第二，带领北洋军一举消灭南方的革命势力，从而挽救行将倾倒的清朝大厦，继续清朝的专制统治。盛宣怀就说："袁世凯公忠素著，韬略久娴，北军第二、第四镇皆其手中督练，不特威声足以慑匪胆，抑且恩谊足以结兵心。"不过清廷中也有人士猜到袁世凯不会服服帖帖听从朝廷的，可能会成为王莽、曹操一类的人物。有个满族学生曾经给政府发出一封电文，指出："袁世凯有大野心，付以大兵权，甚为可怪，宜急急派人侦探，且只可与之名义，不可授以实权。"

立宪派希望袁世凯能够尽快平抚混乱的局势，实行君主立宪制度，促进商业发展，避免外国干涉。

西方列强认为，袁世凯是当时唯一有能力收拾残局的人，只有这么一个人出面，尽快控制局面，他们在中国的政治经济利益才能损失到最低限度。

一般民众只希望尽快结束南北战争状态，避免生灵涂炭。

革命党人则希望袁世凯投入自己怀抱，合力推翻清朝，只是革命党人忘记了戊戌变法期间袁世凯的叛变。

袁世凯上台组阁，将清政府的军政大权全部揽入自己手中，西方列强举旗欢迎，袁世凯大权在握，南方革命党人突然面对“剿”“抚”并举的局面。可惜，革命党人谁也没看清楚，便稀里糊涂地把革命胜利的果实让给了袁世凯。

中华民国诞生
——立国家亿万年不死之根基

孙中山比改良派更进一大步，他公开号召实行资产阶级民主革命，推翻了清朝的统治，结束了中国两千多年的封建帝制，建立了中华民国和临时革命政府，并制定了一个《临时约法》。辛亥革命以后，谁要再想做皇帝，就做不成了。所以我们说它有伟大的历史意义。

——毛泽东

武昌起义已经一个月了，清王朝的灭亡指日可待，建立新的政府成为迫在眉睫的问题。1911 年 11 月 9 日，湖北军政府都督黎元洪以首义资格，电邀已宣布独立的各省派代表开会，商讨组织临时中央政府。11 月底，起义各省都派政府代表会在汉口举行。12 月 2 日，革命军攻克南京，辛亥革命出现了新的生机。12 月 4 日，代表们闻讯，异常兴奋，立即决定“临时政府设于南京”，并在南京继续开会，选举临时大总统。

就在各派政治力量激烈斗争之时，享有崇高革命威望的孙中山由海外回国。

1911 年 12 月 25 日清晨，上海十六铺码头，人山人海，身着各式礼服的人们都在向着江面翘首企盼。随着汽笛一声长鸣，一艘客轮出现在江面上，缓缓地向码头驶来。当孙中山的身影出现那一刻，礼炮隆隆，锣鼓喧天，掌声雷动。人群中爆发一阵又一阵的欢呼：“欢迎孙中山先生！”“中华共和国万岁！”

孙中山身着一套黑色西装，神采奕奕地站立在船舷边，举帽挥手，向欢迎的人群致意。与祖国阔别了 16 年的游子终于回来了。

当孙中山步上码头，黄兴等人立即迎了上去，紧紧握手，互致问候。民众也争先恐后地和这位万众景仰的伟人握手。

一些外国记者赶来采访他，一连串地发问：

“孙先生是不是中国民主国临时政府大总统候选人？”

“对不起，我还不清楚。”

“孙先生由 14 省代表请来做大总统，此说可靠吗？”

“我还不知道，所以我不能表态。”

“外间传说孙先生这次带着几百万美元回国，真有此事吗？”

“革命不在金钱，而全在热心。我这次回来，一个钱也没带，所带回来的只有革命精神！”孙中山的回答，使在场的民众受到极大的鼓舞，他们报以热烈的掌声。

孙中山发表了热情洋溢的讲话，他说：

“武昌革命爆发以来，我就由美旅欧，筹备外交、财政二事。现在，回到上海，亲眼目睹国内近状，从前种种困难虽幸破除，而来日还会有很多更大的困难。今日，我们全体同人要坚持真精神，真力量，以此与困难战，否则，过去所有的辛劳就会归于无效。”

针对当时有人主张与清政府议和之事，孙中山坚决反对。他坚持以革命武力统一中国。他说：“革命之目的不达，无议和可言。”孙中山的崇高威望、鲜明的革命立场、清醒的现实态度，给革命派以极大的鼓舞。许多团体和个人纷纷致电南京代表大会，极力要求选举孙中山为大总统。

一些团体在致南京代表会的电文中说：“请举孙先生为代表，以救国民。兆众一致，全体欢迎。”

12 月 29 日，报刊载文说：“我公雄略盖世，为华盛顿替人，祖国明灯，非公莫属。”

12 月 27 日，孙中山会见南京来的各省代表会的代表，双方就一些重要问题交换了意见。当年的代表王有兰在《辛亥建国回忆》中有如下记载：

代表说：“代表团拟举先生为大元帅，先生之意如何？”

孙中山非常直率地说：“要选举，就选大总统，不必选举大元帅。因为，在国外，大元帅并非国家元首。”

代表解释：“袁世凯的代表唐绍仪到汉口做议和交涉时，曾表示如南方能选袁为大总统，则袁也可以拥护共和，因此，代表会决议将此职暂时保留。”

孙中山当即表示：“那没关系，只要袁世凯真心拥护共和，我就让给他。”

孙中山提出：“本月十三日为阳历 1 月 1 日，如诸君举我为大总统，我打算在那天就职，宣布在中国改行阳历。是日为中华民国元旦。诸君以为如何？”

代表说：“此事关系甚大，中国沿用阴历已经几千年了，突然改变，恐怕多有不便。”

孙中山解释：“从前改朝换代，必改正朔，易服色。现在推倒专制政体，实行共和，和从前完全不同，必须学习西洋，与世界各文明国家一致。改用阳历一事，即为我们革命成功之后，第一件最重大的改革，必须办到。”

这次谈话持续了 3 个小时。孙中山给代表的印象是：“先生的语气，真挚亢爽，直截了当，有当仁不让、舍我其谁之概，一洗中国缙绅虚伪谦虚，矫揉造作之态，虽细微处，亦见伟大。”

12 月 29 日，南京代表会议选举临时大总统。与会的有苏、浙、鄂、湘、川、滇、晋、陕、皖、赣、闽、粤、桂、奉、直、豫、鲁 17 省代表 45 人，还有归国华侨革命党人代表列席。选举是每省 1 票共 17 票。投票结果，孙中山以 16 票当选为中华民国首任临时大总统。

当选举结果公布之时，会场上立即爆发雷鸣般的掌声，与会者兴奋地高呼："中华共和万岁！"成都、上海等地的革命党人也高呼："中华民国万岁！"几千年专制统治下的中国，终于迎来了一个新时代。多么令人激动的时刻，人们欢呼着，歌唱着。

海内外祝贺的电报，雪片般地飞向身在上海的孙中山。

安徽都督孙毓筠、福建都督孙道仁、江西都督马毓宝、广西都督陆荣廷、四川都督尹昌衡、蜀军都督张培爵、芜湖军政分府吴振黄、美洲同盟总会、旧金山国民会、旧金山少年中国报、旅港商会商务公所、旅港番禺工商所、旅港银行业、福建商业研究所、江苏临时省议会、杭州北伐军司令正长徐怀礼及各地军事将领林述庆、柏文蔚、徐宝山、李竟成等均致电孙中山，祝贺他当选临时大总统。各地革命团体、人民群众也纷纷集会、游行，祝贺孙中山成为中华民国首任临时大总统。

黎元洪也致电孙中山，电称孙中山"虑周全球，挽末世之颓风，复唐虞之盛治，使海内重睹汉官威仪，不独四万万同胞之福，即东西各国亦莫不景仰高风。为中华民国庆，专此电贺。中华民国万岁，中华民国大总统万岁"。

孙中山当即致电南京各省代表会，表示接受选举，尽一切努力做好民众的"公仆"。中国的老百姓听惯了"皇帝"、"天子"、"君父"之类的名称，现在听说总统自称"公仆"，真是自古以来闻所未闻。

孙中山塑像

孙中山成为中华民国首任临时大总统正是众望所归，人心所向。

1912 年 1 月 1 日上午 10 时，孙中山乘沪宁铁路专用花车离开上海赴南京就职。同盟会和上海各界人士近万人在车站送行。专车途经苏州、无锡、常州、镇江各地，都受到群众夹道迎送。“共和万岁”的欢呼者响彻云霄。

当天下午 5 时，专车抵达南京下关车站，孙中山走下专车的瞬间，礼炮齐鸣，军乐齐奏，欢声震天，停泊在长江上的军舰，也鸣炮 21 响致礼，南京城内到处张灯结彩，欢迎的人群挤满大街小巷，气氛非常热烈。

当晚 11 时，就职典礼隆重举行。各省代表和驻南京的各部队团长以上，机关科长以上人员出席典礼。孙中山在军乐声中登坛宣读誓词：

倾覆满洲专制政府，巩固中华民国，图谋民生幸福，此国民之公意，文实遵之，以忠于国，为众服务。至专制政府既倒，国内无变乱，民国卓立于世界，为列邦公认，斯时文当解临时大总统之职。谨以此誓于国民。

中华民国元年元旦。孙文

孙中山在就职宣言中提出中华民国临时政府的任务是：“尽扫专制之流毒，确定共和”，实现“民族统一”“领土统一”“军政统一”“内治统一”“财政统一”。

孙中山正式就任中华民国临时大总统，中华民国宣告诞生。这在中国历史上是一件划时代的大事，它标志着中国在政治上迎来了一个新时代。它在短暂的存在期限里，热切而艰难地开拓着新生共和国的征程。从此，民主革命、民主共和的思想日益深入人心，并对以后中国的发展道路产生了深远的影响。

附：南京临时政府主要成员表

陆军总长 黄兴（同盟会） 次长 蒋作宾（同盟会）

海军总长 黄锺英 次长 汤芗铭

外交总长 王宠惠（同盟会） 次长 魏宸组（同盟会）

内务总长 程德全 次长 居正（同盟会）

财政总长 陈金涛 次长 王鸿猷（同盟会）

司法总长 伍廷芳 次长 吕志伊（同盟会）

教育总长 蔡元培（同盟会） 次长 景跃月（同盟会）

实业总长 张謇 次长 马君武（同盟会）

交通总长 汤潜寿 次长 于右任（同盟会）

南北议和
——清廷退出历史舞台

夫去一满洲专制，转生出无数强暴之专制，其为毒之烈，较前犹甚。于是而民愈不聊生矣！溯夫吾党革命之初心，本以救国救种为志，欲出斯民于水火之中，而登衽席之上也。今乃反令之陷水益深，蹈火益热，与革命初衷大相违背……午夜思维，不胜痛心疾首！

——孙中山

武昌首义、各省独立后，清廷为了保住统治地位，急忙请出了北洋军首领袁世凯。袁世凯一出山，立即施展两面派手段，一面向清政府施压，一面要挟革命党人接受议和条件。就在他接受朝廷任命的当天，北洋各军就接到了袁世凯的秘密指示，要拿点颜色给南方革命军看看。于是，在汉口的冯国璋便向革命军发动了前所未有的猛烈轰炸，致使革命党人大败，黄兴避

皇帝宝座

走上海，黎元洪情绪低落，甚至表露出赞同君主立宪政体之意，不得已通过英国驻汉口领事馆向袁世凯提出停战条款。

同时，袁世凯派黎元洪的同乡刘承恩和蔡廷干前往湖北军政府进行和平试探。他们携带了一封英国驻汉口领事的介绍信。会见的场面非常紧张，黎元洪看完信，便将信折上递给刘、蔡二人，说：“太奇怪了，袁慰亭到今天还要替一人一姓说话，君主立宪根本谈也不必谈。”

黎元洪正说着，背后屏风后面，忽然闪出了三个人，抽出指挥刀狠狠地说：“谁人敢主和？主和就是汉奸，请先吃我们一刀！”刘、蔡二人一看这场面，吓得脸都变了色。黎元洪这时慢悠悠地说：“不必怕，两国相争，不斩来使，我会派人送你们过江的。”

11 月 2 日，冯国璋率北洋军攻占汉口，袁世凯再一次令刘承恩给黎元洪写信。信中说：“发兵的是汉人，遭受蹂躏的也是汉人，我们都是汉人，为什么要自相屠戮呢！”还是“早息兵事，以安百姓”吧，表现出一副悲天悯人的仁慈形象。

许多革命党人反对议和，“袁世凯是个什么东西，他打了胜仗，就劝我们投降吗？”11 月 6 日，《民生报》发表社论指出：“如有主张议和者，即为黄帝之罪人，凡我同胞各思之。”舆论纷纷谴责议和，革命党人坚决反对，黎元洪不敢答应袁世凯的要求。

11 月 16 日，袁世凯内阁组成。这回，他可要名正言顺地逼着武汉军政府和谈了。

12 月 1 日，北洋军的大炮轰炸武昌，武昌都督府中炮起火。黎元洪吓得魂不附体，急忙逃离武昌。武昌城内人心惶惶、谣言四起，军政府的首脑人物束手无策。此时，南方革命政府中妥协思想逐渐占了上风，袁世凯的和平烟幕遮住了他们的眼睛，同意议和，并表示，只要袁世凯赞成共和，将来就选他为中华民国大总统。12 月 7 日，清政府任命袁世凯为议和全权大臣。袁世凯奉旨后，派出唐绍仪为全权代表南下，革命军方面公推伍廷芳为议和总代表。

唐绍仪起程的那天，袁世凯摇动着身子，操着沉重的语调，不厌其烦地讲了数十分钟，他要让唐绍仪明白："君主制度，万万变不得呀。袁某人世受国恩，不幸局势如此，本来是该捐躯图报的。只有维持君宪到底，不能有其他结果。"这是和谈的基调。清朝的"孤儿寡母"也在眼巴巴地等着，盼着，把希望寄托在袁世凯身上。

唐绍仪是何等聪明之人，他既看透了袁世凯的心思，也抓住了革命军的弱点。因此，和谈还没开始，他就放出话来："袁内阁是主张共和的，但须由国民会议议决后，袁内阁据以告清廷，即可实行逊位。""若推举袁世凯为总统，则清室退位，不成问题。"这样，通过唐绍仪的嘴，把袁世凯的心事给挑明了。

12 月 17 日午后 2 时，在上海南京路市政厅举行第一次南北代表会议。

会上，须发斑白的伍廷芳慷慨陈词："今日之中国，人心倾向共和，若非承认共和，别无议和之法。”

这是南方革命军方面的先决条件——推翻清政府，建立民主共和政体。北方代表必须首先承认民主共和制这个国体，这是革命的目的，如果不在这个基础上谈，则和谈便没有必要了。

唐绍仪把南方的“和谈先决条件”打电报到北京，向袁内阁请示。他同时也提出了自己的看法：南方革命军方面对这个先决条件没有讨价还价的余地，如果拒绝，和谈就进行不下去了。他建议，绕个圈子，将这个“国体”问题交给“临时国会”去表决。如此，和谈便可进行下去。

袁世凯接到电报后，即向隆裕皇太后请示。泪流满面的隆裕皇太后召集王公开会，终于决定接受唐绍仪的意见。

南方代表伍廷芳对唐绍仪的答复很不满，唐绍仪就再三解释：“这不过是开工问题和程序问题，这种做法是蜕变，对达到革命目的，并无冲突。”南方代表勉强同意了。南方代表又进一步和北方代表讨论如何召集“国民会议”以解决“国体问题”。双方协议由革命军所占领的 14 省和清政府统治的 8 省，每省各派代表 3 人参加国民会议，国民会议的地点，南方代表提议在上海，北方代表则表示必须向袁世凯请示后才能决定。

正当双方讨价还价，争论不休之时，孙中山从海外回国。孙中山回国，受到革命党人的热烈欢迎。革命派需要一个核心人物，一些团体也纷纷致电南京各省代表：“请举孙中山先生为总统，以救国民，兆众一致，全体欢迎。”同盟会内部也达成一致，选举孙中山出任总统。1911 年 12 月 29 日，各省代表会议选举孙中山为临时大总统，成立南京临时政府。

1912 年 1 月 1 日，孙中山在南京就任临时大总统。唐绍仪请示的电报和孙中山就职的电报同时到达袁世凯的手上。听说临时政府已经成立，袁世凯大发雷霆，生气地说："既然已经选了总统，那么，我坐在什么位子上呢？算了吧！不必和谈了。"

在一种极不愉快的心境下，袁世凯给唐绍仪发了一封电报，说唐绍仪未经他的许可就同意国民会议代表权的分配方法，应视为无效。同时，这个办法，南方 14 省对北方的 8 省，会还没开，南方已经处于绝对的优势了。袁世凯向上海发去电报，声明不同意，并谴责唐绍仪的越权行为。唐绍仪在此情形之下，只好引咎辞职。袁世凯接受唐绍仪辞职，同时电请伍廷芳北上直接谈判。伍廷芳则请袁世凯南下，双方和谈变成了电报往还。

袁世凯此时使出好几路招数，既向革命军威胁，又向清政府要挟。

在孙中山就职的当天，袁世凯唆使北洋将领 47 人，由段祺瑞、冯国璋领衔，联名通电，表示"不惜以干戈相见"，"誓不承认"中华共和制度。这是恫吓革命军的。

由出使俄国的大臣陆徵祥领衔，电请清帝退位。这是对付清政府的。

他又命令张勋的辫子军反攻南京，试探革命军的力量。可是辫子军太不中用了，先在固镇被革命军击败，又在南宿州遭到迎头痛击，结果张辫帅连徐州都守不住，仓皇逃到山东。

设法取得革命军的保证，如果清帝退位，就推袁世凯继任总统。其实，这一默契早就形成了，就是袁世凯还不太相信。

孙中山当选为中华民国临时大总统的当日，便致电袁世凯，勉励他“以旋乾转坤为自任，即知亿兆属望，而目前之地位，尚不能不引嫌自避；故文虽暂时承令，而虚位以待之心，终可大白于将来。望早定大计，以慰四万万人之渴望”。

袁世凯得到孙中山的“让位”保证之后，便在北京逼宫。清廷为了表示立宪的决心，在袁世凯督师前线不久，就任命他为内阁总理大臣，大权基本上已经在袁世凯掌握下了，南北谈判的关键点就是要么清帝退位，要么革命派同意君主立宪，在这个问题上，显然革命派不肯妥协，让步的也就只有清室了。虽然，袁世凯出山之初就信誓旦旦地说，“凯衰病余生，何堪负重，然受恩高厚，唯有竭尽心力，以图报称”，“但有报国一日，断不至有北犯之虑”。可是清王朝的权贵们对他并不满意，甚至猜疑重重，而且形势也并不能总是按照袁世凯的设想发展，清帝退位只是早晚的事。

在刀枪剑影之下，满清王公贵族们个个惶惶不可终日，留恋延续了几千年的特权，当然不肯轻易退位。反对退位最激烈的大臣是良弼。为了尽快使清帝退位，良弼成了革命党人刺杀的目标。1912 年 1 月 26 日晚上，良弼在自己家门口遭到了炸弹袭击，刺客是革命党人彭家珍。良弼死了，彭家珍自己也被当场炸死。同一天，在前线作战的段祺瑞等50名将领联名发布电文，逼迫清帝退位。隆裕太后终于下了决心，以退位来保全性命。

1912年2月12日，隆裕太后以宣统皇帝的名义发布诏书宣布清廷退位，起草诏书的就是张謇。

《清室优待条例》规定：“大清皇帝辞位后，尊号暂存不废。中华民国以待各外国君主之礼相待，岁用400万两，暂居禁宫。”

宣读完退位诏书，隆裕太后失声痛哭。统治中国长达268年的封建专制王朝，在孤儿寡母的哀声痛哭中终于走到了历史的尽头。

清朝皇帝溥仪颁布的退位诏书，同时授袁世凯以全权，组织临时共和政府。袁世凯在此前就给南京发去了一封电报，电报说：“共和为最良政体，世界之公认，弊政而跻及之，实诸公累年之心血，亦民国无穷之幸福。大清皇帝即明诏辞位，业经世凯署名，则宣布之日，为帝政之终局，即民国之始基，从此努力进行，务令达到圆满地位，永不使君主政体再行于中国。”

多么感人的誓言，有谁能想到，誓言犹在，袁世凯便开始一步一步地践踏它了。

2月13日，孙中山向南京临时参议院提出辞职，同时推荐袁世凯继任临时大总统。2月15日，南京临时参议院召开临时大总统选举会。参加会议的17省代表，共17张选票。投票结果，袁世凯得17票的满票。袁世凯正式成为中华民国临时大总统。

选举结束后，孙中山先生致电袁世凯：“查世界历史，选

隆裕皇后像

举大总统，满场一致者，惟华盛顿一人，公为再现。同人深幸公为世界之第二华盛顿，我中华民国第一华盛顿。”

南北和谈结束，无数革命志士流血牺牲开创的中华民国革命政权，就这样被袁世凯轻而易举地攫取了。议和中，革命党人妥协退让，埋下了共和国名存实亡的巨大祸患。

临时政府迁都北京
——妥协中收场

从孙先生开始的革命，五十年来，有它胜利的地方，也有它失败的地方。你们看，辛亥革命把皇帝赶跑，这不是胜利了吗？说它失败，是说辛亥革命只把一个皇帝赶跑，中国仍旧在帝国主义和封建主义的压迫之下，反帝反封建的革命任务并没有完成。

——毛泽东《青年运动的方向》

1912 年 2 月 15 日，袁世凯合法地当上了中华民国首任大总统。接下来，他就该去南京就职了。孙中山辞去大总统时，为了防止日后袁世凯独裁专权，提出三个限制条件：

临时政府设于南京；

袁世凯必须到南京就职；

袁世凯必须宣誓遵守《中华民国临时约法》。

孙中山一再表示："此三项一日不准，本总统一日不辞。"

2 月 18 日，孙中山电告袁世凯南下就职，并派教育总长蔡元培为专使，魏宸祖、刘冠雄、钮永健、宋教仁、曾昭文、王正廷、汪精卫等组成欢迎使团，偕同北方谈判代表唐绍仪前往北京，专程迎袁南下就职。

为什么要让袁世凯到南京宣誓就职呢？

在革命党人看来，袁世凯虽说算不上理想的民国元首，但是，他已经履行诺言，逼清帝退了位。那么，他们也应该践守诺言，选袁代孙。他们还认为如果袁世凯离开象征皇权的北京，脱离封建官僚遗毒的影响，加上国会的牵制和《临时约法》的约束，总统也就没什么实权了。袁世凯当总统后，也不会背离民国多远。由此看来，革命党还是太天真了。袁世凯是个纯粹讲政治实力的人，30 年宦海沉浮，他只相信，只有实力才能谈政治，他怎么肯离开他的老巢——北方，怎么肯放弃他的资本——军队呢？

所以，袁世凯是打定主意决不去南京的。他给孙中山发去一封电报，装腔作势地说："凯之私愿，始终以国利民福为目的，当此危机存亡之际，国民既然委我以重任，一定不辜负全国人民的厚望。"

没几天，他又给孙中山去电："北京外交团深以世凯离京为虑，多次谈及，一旦离开，北方秩序不易维持……稍有动静，就会牵涉到各国的利益，后果不堪收拾。"想来想去，怎么办呢，袁世凯说："与其孙大总统辞职，不如世凯退居。"因此，他请南方政府赶紧派人来接收北方军队，完事之后，他马上“退回故里，为共和之国民”。

孙中山当然不相信袁世凯这套鬼话。蔡元培等迎袁专使按时出发了。袁世凯在北京做了精心准备。

2月25日，北京，前门火车站，一派热闹非凡的景象。达官显贵站满月台，军警肃立维持秩序。正阳门大开，一辆火车徐徐进站，蔡元培等一行人从车上缓步走来。霎时，鼓乐齐鸣，掌声雷动。专使到京，受到袁世凯及其属下极其热烈的欢迎。晚上，袁世凯又举行盛大宴会，款待专使们，并把他们特意安置在迎宾馆下榻。

2月26日，专使们便正式拜见了袁世凯。宾主坐定以后，宋教仁说：“时间紧迫，望先生以民国为重，迅速南下就职。”袁世凯满口答应，说：“我正要与诸位商议南下的路线。我想先到湖北，去看一下黎元洪副总统，然后再乘轮船赴南京，不知哪条路安全、迅速。”专使一看袁世凯是如此的痛快，先是惊讶，继之兴奋，当即就与袁世凯讨论起南下路线来。

就在专使们满怀希望，准备和袁世凯一起南下时，一场令他们意想不到的，由袁世凯一手导演的闹剧上场了。

2月29日深夜，忙碌了一天的专使们刚想休息，突然听到枪声四起，而且枪声越来越近，也越来越密。很快，一片火光映到了窗上。枪炮声中，隐隐约约地传来了一些叫喊声，“谁要我们的衣食父母离开北京，我们就和谁拼命！”“袁宫保是我们的衣食父母，他走了，我们没人管了，赶紧抢啊！”

专使们你看看我，我看看你，正惊慌失措之际，又听到院子外面有人吵吵：“妈的，那几个南蛮子就住在这儿。他们要抢走咱们的衣食父母，要把袁宫保弄到南京去，咱们非得教训教训他们！”

“对，让他们竖着进来，横着出去。”

这时，宾馆的人来报，说是北京驻军因反对袁世凯南下，发生了兵变。北京城已经变成一片火海。东安市场被烧了，很多店铺被抢，市民家被劫，老百姓都在四处逃散。蔡元培等人一听，吓坏了，有的连鞋都没顾得穿上，急忙跑到大门口，悄悄打开大门一看，外面火光闪闪，子弹不时地从头顶飞过。手持长枪的士兵，在火光的映照下，如幢幢鬼影，跑来跑去。专使们吓得赶紧关上大门。

这时，宾馆招待员搬来一架梯子架在墙上，“您几位从这儿上去，翻过墙就是外国教堂，变兵们肯定不敢去捣乱。”专使们战战兢兢地爬梯子，逃入隔壁教堂，枯坐了一夜，好不容易挨到天亮，看形势稍稳，才溜进六国饭店。

六国饭店里，中外宾客议论纷纷，有人说，这是曹锟的士兵催欠饷，袁世凯一走就没人给了，也有的说是官兵不满迁都，起来闹事。宋教仁气愤地说：“一定是袁世凯搞的鬼！”

宋教仁说的没错，确实是袁世凯在搞鬼。兵变初起时，袁世凯就对负责北京治安的江朝宗说：“你们调度好自己的军队，守卫好自己的防卫地带就行了，千万不要擅离防地去打兵变。只要你们守卫好自己的防区，北京就乱不了。”又说：“对付兵变，我有办法。”江朝宗出来进去，忙个不停。在兵变闹得最厉害的时候，袁世凯还装模作样地换下长袍马褂，整理了几个衣箱，甚至还带了几个人去地窖看了看。

天亮后，唐绍仪来到外交大楼，向袁世凯询问昨夜之事。还没等袁世凯回答，大门被推开，全副武装的第三镇统制曹锟大步走了进来，向袁世凯请了个安，大声说：“报告大总统，昨夜奉大总统密令，兵变的事已经办成。”

曹锟一侧身，又看到了坐在一旁的唐绍仪，曹锟不觉一愣，竟给唐绍仪也请了个安。袁世凯一拍桌子，大骂：“胡说，滚出去！”曹锟一看自己说错了话，赶紧退了出去。

曹锟刚走，梁士诒又走了进来，向唐绍仪略一点头，对袁世凯说：“报告总统，友邦各国，纷纷调兵进京，其中以日本最多，说是要保护使馆与侨民的安全。”袁世凯对唐绍仪说：“少川，你都看见了，我们都是自己人，看来这南京一时是去不成了。”又转过身来对梁士诒说：“燕孙，你去跟他们讲罢。”

梁士诒随即来到六国饭店，向迎袁专使们陈说利害，专使们刚刚经历一场兵变的惊吓，又目睹了列强出兵的猖狂，心里发慌，觉得袁世凯此时真是不能离开北方了。3 月 2 日，蔡元培致电南京政府和临时参议院，报告北京兵变之事。同时建议“速建统一政府，为今日之最要问题，余尽可迁就，以定大局”。

各界舆论都倾向于袁世凯定都北京。

3 月 6 日，南京被迫同意袁世凯在北京就职。

3 月 10 日，袁世凯身穿宝蓝色军礼服，腰佩长剑，趾高气扬地登上讲坛，操着一口河南腔，抑扬顿挫地宣读了誓词：“世凯深愿竭其能力，发扬共和精神，荡涤专制之瑕秽，谨守约法。”

当日，各国驻华公使承认中华民国。

4 月 1 日，孙中山解除临时大总统职务，临时政府和临时参议院一同迁往北京。

北京兵变，由袁世凯一手导演，各派势力纷纷登台表演，摇旗相应。袁世凯定都北京的目的终于达到，孙中山定都南京来束缚袁世凯的计划落空。辛亥革命的胜利果实被袁世凯篡夺。中国从此开始了北洋军阀统治时代。

中国国民党成立
——从同盟会到中国国民党

共和之制，国民为国主体，吾人于使人不忘其义，故颜其名曰国民党。

——国民党成立宣言

中华民国建立的时候，有四个举国瞩目的大人物，他们是：孙中山、袁世凯、黄兴、黎元洪。

孙中山首创革命，功成不傲，万民景仰。但是，守旧派觉得孙中山的理论太高远，无法接受，因此便给他一个“孙大炮”的绰号。袁世凯既有军事实力，又有政治手腕，守旧派觉得他不太离谱，革命派觉得他勉强还能合作，所以在当时颇受各方瞩目。黄兴被认为是革命的实行家，既懂组织工作，又能指挥军事，在革命党人中深孚众望。黎元洪既不新，也不旧，被时人誉为稳健派。他以一副忠厚长者的身份出现，谦虚谨慎，和蔼可亲。章炳麟见谁骂谁，唯独对黎元洪极力推崇，说他是一个朴素而果毅的杰出人物。

南北议和前后，同盟会发生了重大分化。在此之前，同盟会的多数会员实际上是排满主义者，狭义的民族主义者。清王朝灭亡后，许多会员认为革命的目的已达到，便从同盟会中分化出来，另组成了一些小政党，但是这些小政党也就是竖起一块招牌，发出一篇宣言，拉出几个有名气的政治人物做领袖，还有一些以地域关系或历史关系结合起来的政党。所有这些政党都没有旗帜鲜明的党纲，没有明确的政治主张，跨党脱党就像家常便饭，这个政党的领袖，可能兼任着另外一个政党的领袖，而他们都不过是挂个名，对任何一个政党都漠然置之。

南京临时政府时期，临时参议院内部有三个主要的政党。一是以章炳麟、张謇为中心的统一党，主要成员是同盟会和江浙地区的人士。1912 年 5 月 9 日，统一党和以孙武为中心的民社及君主立宪人士组成的国民共进会联合，成立一个统一共和党，黎元洪为其名义领袖，成为同盟会的主要竞争者。参议院中还有一个以吴景濂等为首的统一共和党，站在第三者的地位，举足轻重。统一党和宋教仁有着密切的关系。

南京临时政府结束时，宋教仁和孙中山的政见大不同：孙中山主张把政权全部交给袁世凯，同盟会退为在野党，专办实业和教育。宋教仁则主张“毁党造党”，也就是放弃同盟会的名称，吸收其他小政党组成一个大政党，并在国会中取得第一大政党的地位，从而组织责任内阁，使袁世凯成为一个没有实际行政权力的总统。这个主张很快得到了同盟会大多数会员的热烈支持。

随后，宋教仁便以敏捷的政治手段，与统一共和党取得联系，并联络国民共进会、国民公党、共和实进会三个小政党，协议组成一个大政党，以抗衡共和党。

就在宋教仁积极活动、筹建新的政党之时，孙中山率胡汉民到达武汉，会晤副总统黎元洪。

1912 年 4 月 9 日清晨，在堪家矶港口，孙中山又一次受到了空前热烈的欢迎。从堪家矶到汉口关，再到武昌，沿途张灯结彩，欢声雷动。孙中山检阅仪仗队，接受革命人民的欢呼。黎元洪更是亲自迎出都督府，与孙中山亲切会面。

在武汉方面专门举行的盛大的欢迎会上，孙中山发表演讲，宣传三民主义。据说黎元洪对三民主义不太懂，也不赞成，因此，并没有给同盟会的巨头们留下多少好感，而黎元洪对同盟会领袖们的狂热理论，也是无动于衷。

但是，袁世凯听说孙中山到了武汉，第一个反应就是南京方面和武汉方面合流，以对抗北京。这是作为一个政治家最正常的反应。所以，孙中山刚踏上武汉的土地，袁世凯便亲自致函，恭请孙中山北上访问北京。

在“孙中山万岁”的欢呼声中，孙中山离开武汉，由上海、福州，经香港抵达广州。从首次被香港放逐，17 年后，孙中山再次重归广州，心情自然难以描述，而广州人民更表现出了空前的热情。

此后，孙中山便居住在广州，有时赴香港、澳门，并积极准备北京之行。

8 月 18 日，是孙中山准备启程北上的日子。可是，就在孙中山准备动身之时，北京传来消息，15 日，武昌起义的功臣之一张振武被袁世凯以秘密军法枪杀，上海方面得到消息，蔡元培等人极力反对孙中山、黄兴北上，怕袁世凯无信无义，招来杀身之祸，纷纷来电劝阻。孙中山主张以诚信感化袁世凯，不过同意黄兴暂缓北上。此时黄兴正患喉疾，其夫人徐宗汉也极力阻止。

其实，袁世凯最害怕的，不是孙中山，而是黄兴和宋教仁。在袁世凯的内心深处，他早就想促成一次民国四巨头会议了。把孙中山、黄兴、黎元洪召到北京来开次会，其象征意义是不言自明的：民国已经统一了，袁世凯个人总统的地位已经确定了，四巨头化除成见，共造共和的时日到了。

可惜，因为张振武案的发生，黎元洪无论如何也不敢来北京了，他既怕参议院或舆论抨击他，又怕袁世凯或同盟会对他不利，毕竟枪杀张振武是这位“忠厚长者”借刀杀人的诡计。黄兴因为张振武案亦裹足不前。

孙中山北上会晤袁世凯，是民国成立后的一件大事。

8 月 24 日，孙中山抵达北京，下榻迎宾馆。孙、袁首次会晤。

袁世凯对于这位首创民国的伟人，极尽热情和忠诚。两人在前后一个月的时间里，共进行了 13 次密谈。每次会谈都是在下午 4 时至午夜进行的，参加会谈的人，除了孙、袁之外，有时梁士诒也参加，但是谈了什么，一直没有公布。

据说，在一个深夜，孙中山对袁世凯说：

“国家建设，首在交通，兄弟打算在 10 年内造筑铁路廿万里，望君能练成百万精兵，则中国可达富强境地了。”

袁世凯微笑着说：

“办铁路我知先生有把握的，若练成精兵百万，可不是一件容易的事情啊！”

传说，两人谈得很投机，有一天，两人谈到兴奋处，袁世凯竟站起来，举手高呼：“孙中山先生万岁！”孙中山也回报一声：“大总统万岁！”

对孙中山来说，袁世凯留给他的印象，远不是外界传言中那么恶劣。他甚至对袁世凯产生了极大的好感，并对其报以极大的信任。

孙中山到达北京的第二天，即 1912 年 8 月 25 日，同盟会宣布与前述四党合并，成立中国国民党。在北京湖广会馆举行的国民党成立大会上，孙中山发表了组织新党的演说。同盟会改组为国民党后，推选孙中山为理事长，黄兴、宋教仁等 9 人为理事，并设参议 30 人，以容纳各方人才。国民党成立，宋教仁立刻成为国民党的核心和政治上的活跃人物。在他的努力下，国民党很快就成为一个名副其实的大党。

国民党正式成立了，袁世凯的态度又是如此诚恳可信，如果黄兴能来北京，那袁世凯的脸面也就做足了。于是，孙中山给黄兴写了一封信。信中说：

我看袁项城实在可怜，有很多事不能自主……袁光明正大，绝无私虑，雄才大略，当世无可与代之人。你当过来，则南方风潮方可止息，统一当有圆满之结果。

在孙中山的召唤下，9 月 11 日，黄兴携陈其美、李书城一行抵达北京，同样受到北京政府和社会各界的热烈欢迎。

黄兴本来是不愿意来北京的，可是和袁世凯见面后，却为袁世凯深深地倾倒了。他以极大的热情，到处劝人加入国民党，有一次，他还当面邀请袁世凯入党，承诺若袁世凯入党，就推他为党的领袖。他又以十二分的诚意邀请杨度、赵秉钧入党。

袁世凯没有当面拒绝黄兴，也不正面答复。事后，他偷偷地对杨度说："你看我像个革命党吗？"杨度则回答："如果他们不坚持责任内阁，我们就做个革命党玩玩呗。"

孙中山、黄兴入京，是袁世凯和国民党唯一的一次友好的蜜月期，近代中国三巨头经过多次密谈后，孙中山颇为感慨地说："今日之中国，唯有交项城治理。"黄兴也表示：袁总统"实为今日第一人物"。孙中山和黄兴还相约，共同放弃竞选中华民国正式大总统，以让袁世凯在没有任何竞争对手的情况下，当选正式大总统。

国民党的两大领导都被袁世凯迷惑住了，只剩一个宋教仁最让袁世凯伤脑筋了。袁世凯一生最不明白、最忌讳的就是政党。宋教仁身上所有的长处都是政党政治所必需的，同时也是袁世凯所不及的。第一次国会选举后，国民党大胜。袁世凯忧心忡忡地对杨度说：“我不怕国民党用暴力，我只怕他们以合法手段赢得政权。”

宋教仁遇刺案
——幻灭的政党政治

柳残花谢宛三秋，雨阁云低风撼楼。
中酒恹恹人愈病，思君故故日增愁。
豺狼当道生何益，洛蜀纷争死岂休！
只恐中朝元气尽，极天烽火掩神州。

——陈去病《哭钝初》

1912年4月，宋教仁应袁世凯的邀请，从美国回到北京，到总统府任英文秘书。此时，孙中山已经辞去总统职务，将权力移交给新的临时政府，国家的政治中心从南京移到了北京。两个月前，北京是清王朝的首都，现在，人们从皇帝的子民变成了共和国的国民。这短短的两个月发生了太多的事，革命党人太激动了。“皇帝”成为历史，“政党”二字在报纸上频频出现。在同盟会的创建中，在以后的党派斗争中，年轻的宋教仁显示了卓越的领导才能，他醉心于政党政治，坚定地认为，只要实行政党政治，中国就可以一步一步地向前发展了。

国会街是北京的政治中心，宋教仁和其他内阁成员们时常在这里出入，向代表国民的议员们汇报工作，接受质询。中国政治中，出现从未有过的新气象，共和国如此深入人心，一切都似乎在有条不紊地进行着。

8 月 25 日，在年仅 30 岁的宋教仁的主持下，同盟会联合四个政党组建国民党。他们的初心很明确，就是通过内阁，限制袁世凯的权力。显然革命党人对袁世凯是有戒心的。

1912 年 12 月中旬，中华民国参众两院初选，1913 年 2 月，举行复选，国民党获得了压倒性优势，成为国会中的第一大党。大选的胜利，使宋教仁陶醉了，他认为依靠第一大党的支持，他就可以出面组阁，当上国务总理了。

带着胜利的喜悦，宋教仁离开北京，沿京汉铁路乘车南下，回湖南桃源老家探望离别 8 年之久的老母和日夜思念的娇妻幼子。接着，他又到长沙、武汉、南京、上海一带，所到之处，他不停地发表长篇演讲，对袁世凯政府进行猛烈的抨击。

1913 年 3 月 2 日，在杭州南高峰，宋教仁俯瞰着急流澎湃的钱塘江，写下了下面这首壮怀激烈的诗篇：

日出雪蹬滑，山枯林叶枯。

徐寻屈曲径，竟上最高峰。

村市沉云底，江帆走树中。

海门潮正涌，我欲挽强弓。

然而，还不到20天，年轻的政治家就倒在了血泊之中。

宋教仁，1882年生，号钝初，湖南桃源人。少年时代就萌发了反清思想，练就了“文不借笔，武不借刀”的本领。中日甲午战争中，腐败的大清王朝竟被日本打败，13岁的宋教仁痛哭流涕，悲愤赋诗：“要当慷慨煮黄海，手挽倭头过汉关。”几年后，宋教仁离开家乡，踏上了求学、革命之路。

宋教仁是中华民国的开创者之一，著名的《临时约法》就是他在一夜之间一手草成的。他是一个天才的政党活动人物。他年轻气盛，能说会写，不仅是一位天才的演说家，而且还是一位出色的政治家，他经常用“桃源渔父”的笔名在报上发表政见。他早年参加长沙起义，和跳海而死的陈天华，同为华兴会头角峥嵘的人物。他的政治手腕也极其敏捷，南京临时政府成立后，他率先主张实行责任内阁制，以此制衡大总统的权力。可以说，在政治谋略上，宋教仁实际上超过孙中山；在深谋远虑方面，又远非黄兴所比。

1913年2月，国民党在选举中大获全胜。为此付出巨大努力的宋教仁，一下子成为全国瞩目的人物。正当宋教仁沉浸在大选胜利的喜悦中时，袁世凯却感到后背一阵阵发凉，他感到以宋教仁为首的国民党人将是他通往独裁之路的最大威胁，他决定收买宋教仁。

有一次，袁世凯见到宋教仁，言辞恳切地说："钝初，你革命这么多年，现在又是内阁农林总长，还穿着这件旧棉袍，实在不应该，这套衣服送给你吧，还有这 50 万元的银行支票，你先用着，不够了，还可以增加。"宋教仁坚决不收，在袁世凯的百般劝说下，才勉强收下了衣服，那张支票坚决退回了。

金钱和高官不能收买宋教仁，袁世凯便决定用暗杀手段，除去这个心腹之患。

在宋教仁南下期间，袁世凯多次来电，催促宋教仁和几位国会议员快点北上，"共商国是"。宋教仁决定 3 月 20 日晚 10 时 45 分乘车前往南京，然后转乘津浦线列车北上。

就在宋教仁临行之前，上海已纷纷传言，有人阴谋加害宋教仁。宋教仁本人也多次接到恐吓信。陈其美曾对他说："钝初，你不要掉以轻心，小心他们会用暗杀手段对付你。"宋教仁放声大笑，说："只有我们革命党人会暗杀人，哪里还怕他们来暗杀我们呢？"紧接着，他又坦然地说："我一身光明磊落，平生既无夙怨，也无私仇，光天化日之下的政治竞争，怎么会有这种卑劣残忍的手段？我料想不同党派及官僚中人，未必会用此手段，不过是谣言。况且我们的事业刚刚起步，我又怎能轻易放弃自己的责任呢？"

预料之中的悲剧还是发生了。

3 月 20 日晚上，上海沪宁车站。在午夜到来之前，正是车站最繁忙和紧张的时候。上下车的旅客熙熙攘攘，不太大的车站显得有些拥挤。墙上红红绿绿的广告、标语，更增加了嘈杂混乱的气氛。

20日晚10时40分，宋教仁与黄兴等几个送行的人走出议员休息室，向检票处走去。忽然传来“砰”的一声枪响，紧接着又是两声。子弹射入了宋教仁的胸膛。宋教仁身体摇晃几下，顺势倒在身旁的椅子上，低声说：“我中弹了。”黄兴等人急忙把宋教仁送到沪宁铁路医院救治。凶手则趁乱逃跑了。

第二天，上海各大报纸纷纷在显著位置刊登如下消息：民国政府前农林部长、国民党代理理事长宋教仁先生昨夜在沪宁车站遇害。

晨雾中传来报童的一阵阵叫卖，宋教仁的名字在大街小巷飘荡：“宋教仁被害，生死不明。宋教仁被害，凶手不明。”

刚进入医院时，宋教仁神志还很清醒，他用手把于右任的头拉到胸口，喘息着说：“我痛得很，恐怕活不下去了。现在，有三件事奉托：所有在南京、北京和东京的书，全部捐入南京图书馆；我家很穷，老母尚在，我死后请各位替我照料；请各位继续奋斗救国，勿以我为念，放弃责任。”

晚12时30分，宋教仁被送入手术室开刀。德国医生从伤口中取出一颗勃朗宁手枪的子弹。子弹从后背射入体内，离心脏只1寸多远。手术室里的宋教仁十分痛苦，呻吟辗转，凄苦之情，惨不忍睹。不过，宋教仁神智还算清醒，他反复地说：

“我为了调和南北，费尽苦心，可是造谣者和一般人民不知原委，每多误解，我真死不瞑目啊。”

在医院里，宋教仁请黄兴代笔，给袁世凯拍了封电报，通报他遇刺的经过。在电文的结尾写道：“伏冀大总统开诚心，布公道，竭力保障民权，俾国会得确定不拔之宪法，则虽死之日，犹生之年。”

3 月 22 日清晨，宋教仁病势恶化，嘴里还在说：“我们要集中力量一致对外。”延至早上 4 时，已不能言语，黯淡的眼睛环顾四周，依依不舍。黄兴、于右任、陈其美、范鹤仙等都守候在病榻旁。黄兴在宋教仁耳旁悲伤地说：“钝初，你放心去吧，我们会照料你的一切，为你报仇的。”4 时 38 分，32 岁的资产阶级政治家宋教仁含恨辞世。

23 日下午，国民党为宋教仁举行盛大的移柩仪式。天空乌云密布，上海万人空巷，送殡的队伍蜿蜒纵贯上海市区。人们无不为这个年轻政治家的不幸遇刺而悲愤。

此情此景，深深感动了一个人——一个叫王阿发的古董商人，是他揭开了这起政治谋杀案的真相。

据王阿发说，10 天前，他到文元坊应桂馨的家中兜卖字画。应桂馨拿出一张商务馆印刷的名片，指着上面的一个人的头像说：“我们打算办了这个人，你如果替我做了，我出 1000 块大洋。”王阿发不肯为 1000 块大洋去冒生命危险，便拒绝了。宋教仁被刺之后，他才知道，应桂馨让他去杀的就是宋教仁，他肯定应桂馨是指使者。

4月1日，上海捕房在一个妓女家中抓到了应桂馨。第二天，又在应宅抓到了正凶武士英，并在宅内搜出了他与袁世凯的国务总理赵秉钧、内务部秘书洪述祖往来的密电本及函电多起，五响手枪一支。这些证件说明：

谋杀案的主谋是大总统袁世凯，同谋犯是国务总理赵秉钧，担任联络的是内务部秘书洪述祖，具体指挥者是上海大流氓应桂馨，直接行凶者是失业军痞武士英。

袁世凯没有想到，案情如此快就大白于天下。他一面百般狡辩，一面杀人灭口。

1913年4月24日，凶手武士英在监狱里吃了应桂馨亲信送的毒馒头后，突然死去。

1914年1月19日，应桂馨乘火车南逃，行至杨柳青附近，被人乱刀砍死。

1914年2月19日，被迫“请假”的赵秉钧，吃完饭后，突然七窍流血，中毒而死。

洪述祖本是袁世凯六姨太的哥哥，袁世凯放过了他。洪述祖在青岛躲了多年。后来化名到上海，被宋教仁的儿子和秘书捉住，终于被处绞刑，死在司法部狱中。

刺杀宋教仁是袁世凯全面夺权的信号。“宋案”发生后，袁世凯便秘密下动员令，并大肆举借外债，决心以武力消灭南方的国民党力量。

“二次革命”
——昙花一现的努力

竭九死之身，努力驰驱，不除袁贼，誓不生还。

——黄兴

袁世凯堪称乱世枭雄，杀了一个宋教仁，当然不足以让他高枕无忧。他必欲消灭国民党而后快。而这一次，为了消灭国民党，他甚至不屑于玩弄他惯用的两面手段，直接、公开地对国民党发动了武力进攻。

1913 年 2 月 23 日，日本长崎，孙中山正准备回国，由东京转来的一封电报送到了他的手上。“宋教仁遇害了！”他那刚刚还振奋的精神立即转化为无限悲痛，泪水缓缓流下。他为年轻的政治家过早的离世而悲痛，为暗杀者的卑鄙手段而愤怒。

与此同时，围绕宋案，革命党人和袁世凯之间也正在上演一场公案。杀害宋教仁的凶手很快就找到了，上海地方检察厅公然宣布要票传国务总理赵秉钧出庭，这把袁世凯和赵秉钧都弄得很尴尬，他们只好铁了脸、黑着心，宣布在北京也破了一个暗杀组织，名叫“血光团”，团长是大名鼎鼎的革命党人黄兴，北京地方法院也要票传黄兴。袁世凯的嫡系报纸《北京国报》公然用大字标题“伟人造反”，而国民党的报纸则以大字标题“总统杀人”作报复。舆论上，双方剑拔弩张。

3 月 25 日上午，孙中山回到上海。当晚，在黄兴的寓所，革命党人召开紧急会议，商议日益严峻的形势。

孙中山说：“暗杀宋教仁，是袁世凯消灭国民党的革命势力以便称帝的阴谋，我们应该趁他还没有准备好的时候，以迅雷不及掩耳之势，先发制人，调集军队消灭袁世凯。”

黄兴则提出了不同看法，他说：“袁世凯恢复帝制的迹象还没有完全暴露出来，南方的革命军又刚刚裁减，必须经过一段时间准备，才能作战。否则，匆忙起兵，不但不能取得胜利，相反还会失败。现在民国已经成立，对于宋案应该冷静，通过法律渠道解决。”

孙中山不同意黄兴的意见，他激动地说：“袁世凯是总统，总统指使暗杀人，法律是无法解决的。现在解决问题，只能靠武力。”

绝大多数革命党人都同意黄兴的意见，当时的革命党确实是无兵可调。会上，谭人凤问孙中山：“武力讨伐袁世凯，需要多少兵力？”孙中山回答：“如果有两个师的兵力，我将亲自统率大军，北上讨袁。”谭人凤当场反驳：“请问孙先生，这两个师的军队从哪里来？”孙中山无法回答。

就在国民党内部还在要不要武力讨伐袁世凯而争吵之时，袁世凯已经为发动战争做准备了。4 月 26 日深夜，袁世凯竟然不经国会批准，非法同英、法、德、俄、日五国银行团签订《善后借款合同》，以盐税和关税作担保，共借得 2500 万英镑的款项。袁世凯有了外国人提供的经费，随即购买了大量武器，准备发动战争。

消息传出，国民党地方实力派江西都督李烈钧、安徽都督柏文蔚、广东都督胡汉民、湖南都督谭延闿纷纷通电，反对“善后大借款”、抨击暗杀宋教仁的行为。

袁世凯并不在乎国民党的反对之声。4 月 30 日，袁世凯在“海宴堂”召开第一次秘密军事会议，部署战争。

5 月 2 日，袁世凯批准国务总理赵秉钧的辞呈，命陆军总长段祺瑞代理国务总理。段祺瑞是袁世凯的第一号心腹大将。由段祺瑞担任内阁总理，等于是对外宣布，这是一个能战斗的内阁，必要时，将不惜诉诸武力，如果国民党不听话的话。

5 月 21 日，北京，一大早，袁世凯就把总统府秘书长梁士诒叫到身边，瞪着那双小眼睛，说：“燕孙，你去转告国民党人，就说，现在我已经看透了，孙中山和黄兴除了捣乱外，没有别的本领。左也是捣乱，右也是捣乱。我受四万万人民的重托，不能以四万万人的生命财产，听人捣乱。我要清除掉国民党人中的不良分子。”

梁士诒表示：“总统，还是以我个人名义转告吧！”

袁世凯立刻制止，说：“不用，就说是袁项城说的，我敢负这个责任！”

6月9日，袁世凯借口李烈钧反对借款，不“服从政府”，下令罢免他江西都督的职务。14日和30日，又分别下令将广东都督胡汉民、安徽都督柏文蔚撤职。7月3日，袁世凯以江西湖口革命党人叛乱为借口，命令北洋第六师火速向九江推进。

袁世凯大兵压境，步步紧逼。革命党人想委曲求全，以合法地位继续存在已不可能。国民党军队将被北洋军吃掉，国民党人已无容身之地了。

李烈钧被免职后，便放弃军权，离开南昌，前往上海。孙中山得知消息，立即由香港赶赴上海，与黄兴一起宴请李烈钧，请他回江西率先揭起讨袁大旗。席间，李烈钧愤愤地说：“袁世凯要将革命党人斩尽杀绝，手段毒辣。当前，我们只有一条路，举兵反抗。我愿承担起首难责任。”随后，李烈钧秘密来到湖口，召集旧部，整军备战。

1913年7月3日，江西省议会推举李烈钧为江西讨袁军总司令，慷慨誓师，发表《讨袁檄文》，并与北洋军在德安一带开始交战。“二次革命”的讨袁之役拉开序幕。

江西首倡独立，各省纷纷响应。

7月4日夜，黄兴匆匆赶赴南京，准备组织江苏讨袁军。15日，黄兴挟江苏都督程德全宣布独立。黄兴正式宣告："法律解决，既经无效，仍不得不诉之武力，做最后之解决。"他决心率"吊民伐罪"之师，"竭九死之身，努力驰驱，不除袁贼，誓不生还"。

接着，安徽都督柏文蔚宣告独立，就任安徽讨袁军总司令。陈其美在上海、陈炯明在广东也宣告独立。一时间，大江南北，讨袁战火熊熊燃起。

7 月 18 日，上海、广东宣布起义。

7 月 22 日，孙中山通电讨袁。同日，18 省代表通电讨袁。

7 月 25 日，湖南宣布独立。

8 月 4 日，重庆宣布独立。

"二次革命"的主战场在江西和南京。讨袁军和北洋军进行了激烈的战斗，终因寡不敌众而失败。湖口、南昌、南京相继失陷。9 月 1 日，张勋奉袁世凯之命率辫子军攻陷南京。辫子军在南京进行了野蛮的抢劫和屠杀。南京城到处是烧焦了的残垣断壁，百姓房屋惨遭毁坏，满目疮痍。

其他各省的讨袁军各怀心事，孤立作战，缺乏统一的指挥和配合，很快就被拥有优势兵力的北洋军各个击破，相继取消独立。

"二次革命"不到两个月就以失败而告终。

以孙中山和黄兴为代表的中华民国的缔造者，在中华民国已无立足之地，只得又一次乘轮东渡日本，开始流亡生涯。后来，一位叫何遂的革命党人在回忆录中这样描述失败者当时的痛苦心情：

我们一行人出发东渡了。当轮船缓缓地开出吴淞口外，我回首苦难深重的祖国，依然处于黑暗统治之下。多少年梦寐追求的一次革命，就这样失败了。

“二次革命”是中华民国成立后的第一次南北战争。战争的结果是，北洋军源源开进南方各省，除了广西、贵州、云南、四川外，其他南方各省都成了北洋军及其附属军的征服地。袁家天下已囊括了全国十分之九。中国进入了北洋军阀最黑暗的统治时期。

选举正式大总统
——流芳百世与遗臭万年只在一念间

逆历史潮流而动，肯定是短命的。

——毛泽东

打败了国民党，袁世凯就急着当正式大总统了。可是，这时，国务总理还由段祺瑞代理，武人出入参议院，总是带点刀枪味道，和民主选举的气氛不符，于是，袁世凯请老相识张謇出面，张謇又推荐熊希龄，组成了一个“人才内阁”，张謇、梁启超等进步党名流分享了内阁的闲曹。这是专门为袁世凯当上大总统设立的。

可是，按规定，正式总统必须在国会制定宪法后，依据宪法选举产生，可宪法连影子还没有呢。袁世凯急得坐卧不宁，寝食难安。

这时，黎元洪出面了，他致电两院，催促快速选举总统，甚至指名推举，盛赞袁世凯“雄才伟略，卓绝一时。再造共和，易如反掌。岂惟元洪信仰，即环球各国，当无异词”。

终于，在9月5日，进步党人在众议院提出先制定大总统选举法，选出总统再制定宪法的议案获得通过。袁世凯要践踏法律，又有这些帮闲支持，袁世凯离大总统的宝座越来越近了。

选举的日子定在10月6日。

在这之前的一个晚上，袁世凯一夜没睡好。就要正式选举总统了。虽然准备工作已是天衣无缝了，可是天有不测风云，谁知道会发生什么事情呢？6日早晨一起来，他就找到了总统府秘书长梁士诒。“燕孙，怎么样啊？”梁士诒毕恭毕敬地回答：“都已经布置好了，军队上街，警察巡逻，公民团也准备就绪。”袁世凯微微点头，“你今天辛苦一下，随时向我报告。”梁士诒点头称是，然后，恭谦地走了出去。

一大早，国会议员们就纷纷来到选举大厅，他们将在这里，履行他们的“神圣”职责，为此，他们还特意整理了衣装。

上午8点之前，759名议员陆续进入众议院会场。来众议院的路上，他们看到军警林立的场面，已经很吃惊了，一进会场，发现气氛更加紧张。众议院外面，有三四千人举着旗帜。写着“顺直公民团”“北京巡警公民团”“旅京闽人请愿团”等字号的各色横幅飘扬在人群的上面。甚至还有一支花枝招展的“北京花界请愿团”。他们整队来到选举厅，把选举会场围得水泄不通。人群中不时响起口号声：

“一定要选出民众拥戴的总统，不选出民众中意的总统谁也不许出来！”

“选举袁世凯为大总统！”

“不选袁世凯为大总统，不许出会场一步！”

众议院四周的围墙上，站满了军警。院内的议员们想跨出大门，马上被呵斥，“退回去！”有硬要出去的，轻则遭到破口大骂，重则拳脚相加。议员们个个如入囚笼，人格也受到极大污辱。

袁世凯

选举会议由众议院院长汤化龙主持。

第一次投票8点钟开始，发票、写票、投票、唱票，前后用了近4个小时。统计结果，袁世凯得471票，刚过半数，离法定票数相差太远。这时已是中午时分，该吃午饭了，可是“公民团”把着大门，谁也不许出去。有人送来两担面包、点心，“公民团”立即横眉冷对：“不许进去，饿死了活该！谁让他们不选袁大总统了！”送食品的人低声求告：“这是给拥护袁总统的议员们用的。”这才准许进去。

更惨的是，熬了一个上午，一些议员犯了大烟瘾，涕泪横流，哈欠连天，哀告着：“让我出去一会儿吧，吸几口保证回来，保证，保证。”守门的“公民团”就是不准。烟瘾发作，难受极了，烟徒们不顾在大庭广众之下，抓耳挠腮，捶胸顿足，扯发撕衣，打滚撒泼，出尽了洋相。

在“饥饿战术”的攻势下，下午的第二次投票，袁世凯得了近500票，虽略有增加，但仍然不够法定的四分之三。这时，天已经黑了，又不能散会。于是，汤化龙宣布：“请大家就得票最多的袁世凯、黎元洪二位中选出一位，另选别人将做废票处理。”

这时，袁世凯也坐不住了。从下午开始，他就屡次致电梁士诒，焦急地询问选举结果。梁士诒不敢正面回答。到了傍晚，袁世凯再一次来电话，梁士诒不好遮掩，只得如实相告：“总统将与黎元洪决选。”

袁世凯大惊失色，在屋子里来来回回地踱着，脑子里不停地想着，万一选出黎元洪做大总统，难道再搞一次枪击宋教仁不成。“都是国民党捣的乱，真是混蛋。国民党，总有一天，我要让你们好看！”

国民党议员们也不好受，饿了一天了，早就头昏眼花，手脚发软，胃里一阵阵痉挛，心里一阵阵发慌，还要不时地受到威胁。那些意志坚强的，窃窃私语："选黎元洪！饿死也不选袁世凯！"意志薄弱一点的开始动摇了。会场外"公民团"的叫喊声一阵又一阵地传进会场：

"不选袁大总统，谁也别想吃饭！"

"不选袁大总统，谁也别想睡觉！"

议员们听到外面的叫喊声，一阵阵心烦意乱。烟徒们也早就熬不住了。他们在会场上乱窜，到处寻找国民党议员。在国民党议员面前又是拱手，又是作揖，苦苦哀求着他们放弃自己的意愿，放弃自己的信念，"赶快选出袁世凯吧，好早点散会啊。"国民党议员们饥饿、疲惫，再加上烟徒们的传染，也觉着神情恍惚、不能自已了。

晚上 10 点，第三次投票结果终于出来，袁世凯得了 507 票，相当于三分之二的微弱多数。汤化龙当场宣布："袁世凯当选中华民国第一任正式大总统。"会场内响起了稀稀拉拉的掌声。国民党议员不满意，所以不鼓掌。支持袁世凯的都是些老的、病的，那些发大烟瘾的、饥饿的、疲惫至极的，想鼓掌也没力气了。

选举结果出来了，会场外聚集的人们，有气无力地喊了几声"总统万岁"，随之，一哄而散，争着去领赏了。

虽然，这个结果出来得很艰难，袁世凯还是很满意，一颗悬着的心总算落了下来。

次日，继续选举副总统，经过前一天的折腾，许多议员病倒在床，参加选举的人少了许多，议员们又吸取了昨天挨饿的教训，一次投票，便选出了黎元洪做副总统。

1913 年 10 月 10 日，中华民国建国两周年的日子，袁世凯如愿以偿地正式就任大总统。这一天，袁世凯坐着八人大轿来到故宫太和殿，这是明、清两代封建皇帝御极的地方。袁世凯坐在殿中昔日皇上坐的“御座”上。议长、议员们分坐两排。在主持人的安排下，身着陆海军大元帅服的袁世凯由座位上起立，面向议员，抑扬顿挫地发出誓言：

余誓以至诚，谨守宪法，执行中华民国大总统之职务。

袁世凯当上了正式大总统，国会的使命也就完成了，不久，就被正式解散了，国民党籍议员被限令离开北京。接着，袁世凯又抛出《中华民国约法》代替《中华民国临时约法》，规定大总统为国家元首，取消责任内阁制和国会对总统行使权力的一切牵制。大总统实际上拥有无上权力的专制皇帝，袁世凯成了“终身总统”，子孙还可以继任。至此，“中华民国”只剩下了一块空招牌！袁世凯随时都可以把它摘掉，换上皇帝的龙袍。辛亥革命的胜利果实就这样被袁世凯篡夺了。